Maite
Felices Fiestas
Navidad 2007

«Las Estaciones de ánimo»

Cuentos mágicos
para comprender tus emociones

Abel Pohulanik

«Las Estaciones de ánimo»

Cuentos mágicos para comprender tus emociones

Un viaje con cuentos
a través de los sentimientos

Las Estaciones de ánimo

Cubierta: fragmento de «*Hylas y las ninfas*» (1896), óleo de J. W. Waterhouse

GRUPO OCÉANO
Milanesat, 21-23 – 08017 Barcelona
Tel.: 93 280 20 20* – Fax: 93 203 17 91
www.oceano.com

ISBN-13: 978-84-7556-422-7
ISBN-10: 84-7556-422-4
Depósito Legal: B-38752-XLIX
Impreso en España - *Printed in Spain*

9001912010706

A mi hermana Rosa, que sobrevivió a todos los trenes.

A María José Ferrer, que me ayudó a subir al mío.

A Sari, que comienza a viajar.

A los que me cuidan.

A los que me quieren.

Índice

Bienvenida a los viajeros

PUNTO DE PARTIDA

Vamos a emprender un viaje imaginario en tren a lo largo y ancho del mundo de las emociones. En sus vagones cargados de cuentos y relatos conoceremos a muchos pasajeros que nos ayudarán a entender mejor nuestros estados de ánimo, sentimientos y reacciones personales.

La elección del tren es del todo intencional. En un viaje así hay nervios, despedidas, encuentros, expectativas... pero también hay pasajeros, gente que se levanta y camina por los pasillos, acompañantes, compañeros ocasionales, sorpresas, encuentros... y fundamentalmente paisajes. Un paisaje en perpetuo movimiento, más rápido junto a las vías y más lento en la distancia. A veces lo miramos con atención, otras con nostalgia; nos recuerda algo, nos aburre, desagrada o maravilla.

Y cada viajero tiene una historia que, por un breve lapso de tiempo, se entrelaza con la nuestra: nos miramos, hablamos, comparamos, compartimos; podemos hacer que en una sola mirada estalle el odio, la amistad o el amor... Casi nunca el desinterés.

Son viajeros anónimos que jamás volveremos a ver. Historias de personas que en un lapso de tiempo viven una experiencia en medio de un paisaje. Es casi la definición más acertada de un cuento y también califica la intención de este libro.

Los sentimientos nunca aparecen aislados; detrás de cada reacción humana hay una historia, por lo que esa respuesta dependerá del momento en que se produzca y de otra serie de sentimientos que simultáneamente le estén afectando.

En otras palabras, un mismo suceso desencadena no sólo reacciones diferentes en cada persona, sino que un mismo sentimiento es distinto en cada individuo. Los mismos elementos de un cuento también pueden combinarse de infinitas maneras. De modo que cuando hablemos de emociones o estados de ánimo lo estaremos haciendo de forma aproximativa y bastante general, ya que nos falta el cuento, la historia particular de ese sentimiento. Será precisamente como esos paisajes o los mismos viajeros: unos se verán en rápido movimiento y los otros tendrán un breve encuentro, sus historias se anudarán por un limitado espacio de tiempo y después se irán; unos bajarán en una estación, otros seguirán adelante...

Y la vida y ese paisaje seguirán allí, pero mientras tanto oiremos historias sobre personajes que padecen distintos sentimientos y trataremos de entender qué se oculta detrás de cada uno.

SIENTO, LUEGO EXISTO

Vivir es sentir. Lo que ocurre a nuestro alrededor nos afecta; constantemente estamos siendo alterados por estímulos que no sólo influyen en nuestra biología sino también en la mente, donde se producen cambios que van del agrado al desagrado, del rechazo a la atracción o de la pena a la alegría.

Por regla general existe una relación interactiva entre mente y cuerpo, lo que ocurre a uno influye en el otro; de aquí que, por ejemplo, una persona positiva tenga un tono vital alto y una negativa tienda a lo contrario. Por la misma razón, el pánico nos hace sudar o la rabia contenida nos acelera el pulso.

Es imposible no sentir. Hasta la indiferencia es una elección, de manera que en circunstancias normales todo ser humano siente o experimenta un estado subjetivo que se denomina «afectividad». Ésta no sólo se siente sino que se expresa en forma de emociones, pasiones y sentimientos que van dejando huellas y que a su vez afectarán futuras manifestaciones. La afectividad de una persona es una especie de historia interna que se va enriqueciendo durante toda su vida y es lo que llamamos «experiencia».

O sea que estas huellas experimentales se transforman a su vez en estímulos anímicos, de modo que las oscilaciones del ánimo se originan tanto desde fuera como desde el interior del individuo, o por interacción de ambos. Como una cuerda que es pulsada, cada reacción adopta un determinado tono sentimental o humor, que cuando se mantiene durante un cierto tiempo se transforma en lo que se conoce como «estado de ánimo». Dichos estados forman una base, más o menos constante, sobre la cual las distintas experiencias le van dando forma. Así, una persona con un estado de ánimo en general alegre puede, de vez en cuando, decaer por el efecto de una repentina emoción negativa. Dicho estados se mueven entre polos opuestos, dejando al medio una amplísima gama de variantes.

Lo normal es que no se mantengan exactamente igual sino que también manifiesten oscilaciones derivadas del medio y de las otras personas. Por eso suele hablarse de estados de ánimo más o menos receptivos (es decir capaces de ser alterados) o expansivos (capaces de alterar a otros).

Si los estados de ánimo se caracterizan por la persistencia de un determinado tono sentimental, las emociones se definen por su brusca aparición y porque los cambios se experimentan también en la esfera física (como el enrojecimiento facial que acompaña a la vergüenza o la palidez en la angustia). Asimismo, las emociones tienen efectos en la conducta inmediatamente posterior (por ejemplo, el miedo puede provocar distintas reacciones: de parálisis, huida o enfrentamiento). De alguna manera, el cuerpo busca maneras de expresar la agitación, la conmoción interior que provocan las emociones.

Por su parte, los sentimientos son herramientas o medios con los que el ser humano se relaciona afectiva y emocionalmente con su entorno. Esa ayuda que facilita la vinculación está en su subjetividad, es decir son sus pensamientos, impulsos y deseos; incluso éstos le ayudan a relacionarse con sus propios sentimientos (por ejemplo, «siento» miedo a la enfermedad según mi creencia sobre las enfermedades).

Los sentimientos crean lazos de afectividad con los objetos según esos valores subjetivos: amo o envidio a alguien por determinados motivos (en este caso el objeto es externo); o me siento culpable o avergonzado por otra clase de motivos (el objeto de mi valoración es interno, soy yo mismo).

De modo que los sentimientos adoptan nombres y características simplemente útiles para los estudiosos, pero en la realidad son únicos, singulares y cambiantes en cada individuo. Son estados de la persona, que a su vez puede verse afectada por la aparición de ese sentimiento: siento rabia y al mismo tiempo estoy afectado por ello (nervioso, impotente, agresivo, dolido, tembloroso o en tensión).

En otras palabras: en los sentimientos no caben la indiferencia ni la igualdad. Justamente gracias a ellos nos diferenciamos y a la vez interactuamos con el mundo. En la misma línea de las emociones, los sentimientos se experimentan por dentro y se manifiestan en conductas externas (síntomas), pero al contrario de aquéllas, no suele haber una correspondencia tan estrecha o específica.

Veamos un ejemplo: a la mayoría de la gente, un susto (una emoción) les hace dar un salto y retroceder con el corazón agitado. En cambio, un sentimiento como el miedo al compromiso afectivo puede llevar a una persona a la soledad, y a otra a tener muchísimos amigos y no profundizar con ninguno.

Los sentimientos tienen a su vez la posibilidad de ser reconocibles por el sujeto y de alguna manera controlables o modificables. Podemos describir un sentimiento, especialmente si además tenemos cierta experiencia con el mismo, es decir si ya lo hemos «sentido». Esa experiencia es tan personal (y a veces intransferible) que es lógico que suela chocar con las redes sentimentales ajenas.

Dos personas se aman, pero fracasan porque su concepción y vivencia del amor son diferentes. De ahí que para las buenas comunicaciones humanas sean tan importantes la honestidad, la claridad y la sinceridad, en tanto que en las malas relaciones abunda la hipocresía y la mentira; es decir, que no hay relación entre lo que se siente y lo que se expresa. Un ejemplo sencillo serían las llamadas «mentiras piadosas» o el «callar por conveniencia».

Por otra parte, esa experiencia con el objeto condicionará las futuras relaciones que se vuelvan a producir con uno similar, por lo tanto ya no será ni el mismo objeto ni tampoco la misma reacción. Nuestra primera respuesta ante la infidelidad de alguien, por ejemplo, será diferente si el hecho o el objeto vuelven a repetirse.

Otras notas características de los sentimientos son, por una parte, que afectan mientras duran (un estado de ánimo puede ser más largo); y por la otra, que forman una especie de «reserva» lista para ser usada, es decir que acudimos a ellos sólo cuando un objeto los provoca. Incluso pueden no aflorar: hay gente que jamás experimentó la sensación de ser superior a nadie, por lo que nunca «usó» la vanidad o la egolatría.

Aunque no lleguemos a definirlos con mucha claridad, la comprensión de la inmensa riqueza y versatilidad de los sentimientos debería bastarnos para intentar una mejor relación con nosotros mismos y una mayor tolerancia hacia los demás.

BIENVENIDOS A BORDO

Proponemos aquí un breve viaje por diversos estados de ánimo, sentimientos y emociones. Con él se pretende que los pasajeros sean capaces de conocer unas cuantas notas más de la inmensa partitura sentimental que poseen, así como de la capacidad que tienen para afrontar su ejecución, es decir para hacerlo como buenos concertistas.

Esta lectura será una experiencia más, que se agregará a la experiencia verdadera de vivir un sentimiento o evaluar un estado de ánimo. Los sentimientos... se sienten, y simultáneamente ya está actuando toda esa red de la que venimos hablando, donde se agrupan recuerdos, experiencias e interacciones entre nuestro yo y el mundo. En ella estará también lo que ocurra en este viaje.

Recorreremos doce estaciones, cada una dedicada a uno o varios estados de ánimo. Pero más que la estación importa el viaje entre una y otra. En las estaciones correspondientes bajarán los que deseen «curarse» en ella y seguir indagando en su paisaje. Es cuando verdaderamente cada viajero iniciará su propia aventura, que por lógica quedará fuera de estas páginas.

El trayecto hacia ella nos permitirá conocer qué les ocurre a los que van allí, mientras escuchamos algunos cuentos sobre el particular.

De modo que, como en cualquier periplo, los lectores pueden iniciarlo desde cualquiera de sus estaciones, y tampoco hace falta hacerlo todo de una sola vez. O habrá quien prefiera hacer todo el viaje sin bajar en ninguna, para decidir después cuál es la suya.

En los relatos hay algunos de raíz tradicional, otros son adaptaciones de cuentos literarios (osea, de autor conocido), y los demás de la cosecha del autor de estas páginas. En todos se trató de conservar el carácter oral de los cuentos tradicionales y, dado que el acento está en los sentimientos, se ha prescindido de detalles localistas y nombres propios. Las historias ocurren en cualquier parte y los personajes son universales y anónimos: un dios que puede ser el de cualquier creencia, un príncipe, un sacerdote, una mujer, un sabio... que con un pequeño esfuerzo de imaginación pueden ser tu dios, tu jefe, una amiga, un amante o tu hermano. Lo más deseable en este viaje es que de vez en cuando nos preguntemos si ese viajero o ese personaje podríamos ser nosotros mismos.

Es posible que algunos lectores encuentren demasiado simples las versiones de cuentos literarios. Ello tiene una intención: como dijimos, se trata de una reescritura que sigue la forma oral de los cuentos populares... es decir, como si otro viajero los estuviera contando. Probablemente los lectores encontrarán un placer mayor en su versión original, ya que aquí sólo nos interesó resaltar un aspecto: el reflejo de una emoción.

Deseamos que disfrutéis de la lectura que sigue, que bien puede ser tanto un libro de cuentos como un viaje contado. O como una serie de cuentos a propósito de cierto viaje.

Primera estación:
¿Decididos a cambiar?

ZONA DE SEGURIDAD

Los pasajeros que bajarán en la próxima estación ni siquiera mirarán el paisaje durante el trayecto, y si lo hacen parecerá que su mente está en otra parte. En realidad han hecho este viaje muchas veces, del mismo modo que se juntan cada fin de semana con los amigos de siempre, cenan en el mismo restaurante y acuden a su trabajo por la ruta habitual.

La rutina les aburre pero es cómoda, por lo que siguen con un trabajo que no les gusta, una relación que no les satisface... o viajando siempre a los sitios conocidos (aunque estén de vacaciones).

Y en el fondo no ven ningún obstáculo: ni ese trabajo ni esos afectos ni esos sitios les causan problemas, así que... ¿para qué cambiar? Si la supervivencia está asegurada... ¿vale la pena buscar otra cosa?

Hemos comenzado aquí el viaje porque el miedo a cambiar no siempre se refiere a algo tan específico; a veces se confunde con la inercia, la prudencia e incluso con el instinto de supervivencia. En realidad, nada de esto es criticable. Pero conviene preguntarse si acaso el hecho de vivir en un mundo como éste ya no implica un riesgo; creemos que todo está bajo control, pero cualquier imprevisto nos trastorna. Buscamos tantas seguridades que perdemos la capacidad de reaccionar, no sólo ante los imprevistos, sino a dejar de plantearnos la posibilidad del menor cambio.

Y cualquiera sabe cuánto se aprende no sólo de las contrariedades (que nadie las busca) sino también de los imprevistos (que siempre aparecen).

Nos educan para buscar seguridades y márgenes que nos protejan, animándonos después a mantenernos allí. No está mal, siempre que estemos realmente satisfechos, ya que no se trata sólo de hacer bien las cosas, sino de disfrutar con ello.

En otras palabras: tenemos aseguradas las posesiones pero hemos dejado atrás las emociones.

No nos gustan los cambios, así que simplemente toleramos lo que ya conocemos. Y repetimos que no está mal, siempre que en esa zona «segura» no dejemos también todo lo que simplemente desconocemos y preferimos ignorar (y a veces rechazar): las personas diferentes, las costumbres que no practicamos, los signos que no usamos; los sabores, los colores, los sonidos... lo extraño.

A menudo, el cambio nos tienta y retornamos a la vieja emoción de lo que está a punto de desvelarse, como si fuésemos a abrir un regalo. Pero lo pensamos mejor y preferimos quedarnos en el terreno de lo seguro. Dudamos, estamos indecisos... pero seguimos igual, sin abrir el regalo. Hemos renunciado a la emoción.

Pocas veces (o ninguna) la indecisión da placer.

Algunas veces (muy pocas) la resignación y la inmovilidad producen alegría.

Y casi siempre la ausencia de impulsos deriva en depresión.

Vean si no lo que ocurrió al encargado del huerto...

El atado

Aquel hombre se había hecho mayor y, como ya no podía trabajar en su pequeño huerto, se puso a buscar una persona que quisiera hacerlo. Sus vecinos le preguntaron por qué no lo vendía, a lo que contestó:

—No tendría dónde ir. Tengo tres hijos casados que ya no viven aquí y no quiero ser una carga para ellos. Estoy a gusto en mi casa y no deseo descuidar el huerto. Nada más.

Los amigos le dieron la razón e hicieron correr la voz. Poco tiempo después se presentó ante él una pareja de campesinos con un jovencito

de aspecto indolente. Le dijeron que no sabía hacer mucho, pero para ellos sería una bendición si lo ponía a trabajar a cambio de un poco de comida y un lugar para dormir, ya que aún tenían otras tres bocas que alimentar. Al anciano le dio pena la miseria de aquella gente y aceptó.

Sólo unos días más tarde ya estaba arrepentido del trato: el chico era más apático que haragán, y mucho le costó que hiciera las cosas con algo de interés. Pero con bastante paciencia fue logrando que aprendiera algunos rudimentos del oficio, de modo que tras un año pudo darse el lujo de descansar a la sombra de un alero mientras el otro mantenía cierto orden en su pequeña heredad.

Pero en aquel sitio no había tanto que hacer, así que cuando le tomó la mano al cuidado de las plantas y los frutales, el muchacho encontró mucho tiempo para hacer lo que más le gustaba: tumbarse a dormitar. El amo agitaba una campanilla para darle de comer o hacerle alguna indicación, pero salvo las tareas encomendadas, a él no se le ocurría ninguna otra cosa que dejar pasar los días y los meses haciendo el menor esfuerzo posible.

Y así estaba una tarde cuando vio acercarse a un anciano desde el fondo del huerto. Parecía venir de muy lejos porque tenía aspecto de fatigado y sus ropas estaban cubiertas de polvo.

—¿Puedes darme algo de agua y un poco de comer?

El chico pensó que sin duda el amo recibiría de buen grado al visitante, pero como para eso tendría que levantarse del suelo y llevarlo hasta la casa, se limitó a indicarle dónde estaba el pozo y a decirle que cogiera del huerto lo que le viniera en gana. El otro así lo hizo: sacó agua del pozo y con su largo cayado hizo caer unas peras y unas manzanas que le bastaron para saciar el apetito.

—Muchas gracias —dijo un rato después, acercándose al que seguía tumbado—. Ahora voy a seguir mi camino, pero como has sido tan amable te dejaré algo por si alguna vez lo necesitas.

El viajero envolvió algo en unos trapos y, tras colocarlo en la punta de su bastón, con un ágil movimiento lo arrojó hacia las últimas ramas del mismo árbol a cuya sombra dormitaba el muchacho. Y tras darle las gracias otra vez se fue por donde había llegado.

Pasaron varios días, y cada vez que el chico se tumbaba a descansar veía aquel atado y se decía que en algún momento tendría que bajarlo, pero lo dejaba para más adelante porque ya estaba muy cómodo y la pereza le cerraba los párpados.

Y así fue como las estaciones fueron pasando una tras otra y tanto el árbol como el muchacho siguieron creciendo mientras el atado continuaba en el mismo sitio. Un día, diez años después de su llegada, la campanilla no sonó; cuando el encargado entró a la casa se encontró con el amo muerto.

Una semana más tarde llegaron sus tres hijos, quienes tras vender el huerto a otro vecino le dejaron unas monedas y volvieron a marcharse para no volver jamás.

Al contrario que su antiguo dueño, el nuevo era un hombre joven y por demás activo. Tras preguntar al encargado si quería seguir trabajando para él comenzó a poner patas arriba aquel huerto, que después de tantos años se veía bastante descuidado. Aquel cambio no le gustó demasiado al perezoso, pero como no tenía adónde ir ni sabía hacer otra cosa, tuvo que conformarse y ayudarlo a reparar las verjas y a remover la tierra.

Estaban en esos menesteres cuando el hombre levantó la vista y divisó aquel atado enredado en el árbol, que para entonces era altísimo.

—¿Sabes qué es aquello? —preguntó al encargado—.

El otro no tuvo ganas de explicarle el caso y se encogió de hombros. Picado por la curiosidad, el amo buscó la escalera y tras mucho esfuerzo logró bajarlo, descubriendo que estaba repleto de monedas de oro.

Lleno de agradecimiento, dio una al encargado y poco después volvió a vender el huerto, donde no sabemos si su encargado sigue descansando bajo el árbol mientras espera que suene una campanilla.

PERO TAMBIÉN ESTÁN LOS OTROS

En el otro extremo de este caso están los eternos aventureros. Aquellos encantadores y envidiables personajes que dejamos de ver un par de meses y los encontramos con un nuevo *look*, o en otro trabajo, con otra novia, dedicados a un increíble *hobby* o regresando de un exótico viaje.

Tampoco hay que ver algo malo en ello. Pero a poco de tratarlos descubrimos que siempre están cambiando, descubriendo... y huyendo de quién sabe qué, ya que tanta pasión por lo nuevo pinta más bien como una huida, ¿no?

Eternamente insatisfechos, no vacilan en dejar trabajos y relaciones «a medio hacer» para entregarse al entusiasmo de lo nuevo.

Son personas a quienes las contradicciones les cansan, los problemas les apabullan, así que prefieren comenzar otra vez, en otro sitio y con otra gente. Y lógicamente lo nuevo es siempre perfecto, aunque los fallos no tardarán en aparecer.

Y cuando aparecen, su incapacidad para encontrar soluciones los lleva no sólo a sentirse molestos sino a derivar su incomodidad hacia el entorno. Son personas que tras el brillo del comienzo caen con facilidad en los problemas y las crisis... que nunca son «su» problema sino el de los otros. Son auténticos maestros en el arte de manipular la realidad en su provecho: el error está siempre en los demás.

Y a veces ocurre lo que ocurre...

El puente de los necios

Haciendo honor a su fama, dos cabras se alejan de la manada y deciden buscar fortuna monte arriba. Se separan en distintas direcciones, descartan los senderos trillados y van en busca de verdes pastos por cimas escabrosas y profundas hondonadas.

No les va mal y siguen la aventura, hasta que el destino vuelve a citarlas en ambas orillas de un arroyo. Pero hay un puente angostísimo, apenas una tabla tendida sobre el abismo de aguas turbulentas. Nada las arredra y comienzan a cruzarlo, una de cada lado. La tabla oscila por el peso y se arquea, pero resiste y las cabras siguen adelante hasta encontrarse frente a frente.

Están a medio camino y se miran a los ojos. Una de las dos debe retroceder. Una de las dos ha de ser más inteligente que la otra y hacer lo apropiado. Pero ambas son cabras: orgullosas, altivas e independientes. Se miran otra vez, una breve embestida y las dos caen.

Han muerto, pero al menos no dejaron de ser cabras.

Pero es bien cierto que nadie puede negarles a esas personas el don de un permanente optimismo; son las que, nada más conocerlas, ya nos parecen el paradigma de la positividad. Pero no nos engañemos: simplemente han saltado por encima de la posibilidad de deprimirse para caer en el otro lado del andén y buscar un nuevo tren que las ponga lejos, bien lejos de la negociación o el análisis (igual que las cabritas).

En cierta manera, estos personajes se han instalado en una suerte de felicidad permanente... eternamente en proceso de cambio. Sólo que en su camino han dejado un rastro de amores rotos, amigos decepcionados y propósitos que se han quedado en eso: en un hermoso proyecto que jamás se acabó de realizar.

ENTRE LA RIGIDEZ Y LA AVENTURA

Pero ¿qué sabían aquellas princesitas de los cuentos infantiles? ¿A qué riesgos inesperados se enfrentaban? Probablemente a ninguno, de allí su vaga tristeza y la exigencia de que un príncipe valiente arriesgase su vida por ellas, que combatiese todos los peligros y los acechos que ellas solas no podían o no eran capaces de enfrentar.

A veces somos como ellas: carecemos de experiencias y habilidades porque jamás hemos tenido la oportunidad de enfrentarnos al riesgo. Sólo los altibajos de la vida nos dan experiencias, desde perdernos en una ciudad extraña a encontrarnos al borde de la pobreza.

Pero ¿qué ha pasado con aquellos príncipes que, igualmente aburridos, un buen día subían a un caballo con una bolsa de oro y se largaban al mundo sin rumbo fijo? ¿Siempre triunfaron y fueron felices?

No olvidemos que en esos cuentos siempre aparecen (apenas insinuados) los que murieron sin responder a las letales preguntas de una esfinge, o los que fueron devorados por el dragón o el ogro malo. Hay pocos cuentos sin final feliz, ¿verdad?

Pero también se menciona (aunque sea muy de pasada) a los perdedores, por lo tanto siempre existen. Es el caso de cierta infeliz princesa de la que hablaremos en el capítulo siguiente, muy distinta a otra que sí supo salir bien librada del atolladero.

Un reino en el desierto

Cierto rey de un país milenario enviudó cuando sus tres hijas todavía eran pequeñas. Ocupado en sus responsabilidades, no pudo darles otra cosa que una infancia lujosa, demasiado estricta y muy poco feliz. A falta de madre las hizo educar con los mejores maestros y cuando llegaron a la edad de prometerse no había una sola princesa en cien reinos a la redonda que las aventajara en donaire y brillantez.

Así pues, cuando se corrió la voz de que aquellas magníficas muchachas podían ser cortejadas comenzaron a presentarse en el palacio los más regios pretendientes. Deseosas de abandonar aquel sitio donde sólo había protocolo y silencio, las dos hermanas mayores aceptaron inmediatamente los maridos que su padre eligió, así que tras las ceremonias de rigor se marcharon a sus respectivos destinos.

Pero sucedió que la más pequeña, que por aquel entonces sólo tenía trece años, ni siquiera se dignó a conocer al príncipe elegido y se encerró en su cuarto. Furioso por aquella desobediencia, el rey abrió violentamente la puerta y le preguntó a qué se debía aquel gesto tan impropio.

—Si no te gusta ese joven puedo elegirte otro —la increpó—. Pero saldrás inmediatamente a pedir disculpas por tu conducta.

La niña le hizo una profunda reverencia y con la vista baja pero la voz firme contestó:

—Padre mío, no pediré perdón por algo de lo que no soy culpable. Me habéis dado la vida, pero eso no quiere decir que tenga que aceptarlo todo. No deseo casarme, de modo que tampoco quiero conocer a ningún pretendiente. Me siento bien en nuestra casa, de modo que os lo ruego: no me obliguéis a abandonaros.

Halagado en su amor propio pero enfadado por la desobediencia, el rey ordenó que la dejaran encerrada y presentó sus excusas al pretendiente, de quien también obtuvo una sorprendente respuesta:

—No os preocupéis, señor. Aunque no deseaba casarme antes de conocer el mundo, vine aquí por mandato de mi padre. De modo que la negativa de vuestra hija me exime de responsabilidades y a partir de ahora me considero libre. Os doy las gracias de todo corazón.

Y diciendo esto se marchó con un par de sirvientes a recorrer el mundo.

Dos largos años estuvo encerrada la princesa en sus aposentos, dedicada al estudio y toda clase de labores, aunque de tanto en tanto volvían a producirse las tremendas discusiones con su padre. Cuanto más se empeñaba éste en obligarla a casarse, más derrotado acababa por las palabras de su hija, tan lógicas como tozudas.

—¡No dejaré mi reino en manos de una mujer! —chillaba éste—. ¡No podrás reinar sola! ¡Has de casarte!

—Me habéis educado para ser una buena persona y llegado el caso una buena reina —contestaba ella con serenidad—. Pero aún no es el momento de desposarme. Si no lo queréis así podéis desheredarme o encerrarme para siempre. Pero moriré siendo dueña de mi vida y mi destino.

Al final, aquella actitud fue conocida entre el pueblo y las murmuraciones comenzaron a quebrantar la autoridad del monarca, quien no tuvo más remedio que hacer una demostración de fuerza y la desterró en los confines del reino.

Con dos de sus doncellas y unas pocas pertenencias fue abandonada tras las últimas montañas, exactamente donde acababan las tierras de su padre y comenzaba un desierto pavoroso y desolador.

Pero para la princesa aquello era infinitamente más hermoso que el encierro, así que tras animar a las otras se puso manos a la obra. Buscó una cueva donde vivir y, con todo lo que había aprendido de los libros, en tres años los árboles y huertos fueron ganando sitio al desierto y un rebaño de cabras les dio lo necesario para vivir.

Poco a poco, las gentes de las montañas y algunos bandidos desterrados se fueron acercando a curiosear aquel milagro y no pocos decidieron armar sus tiendas para quedarse allí mismo a vivir. El pequeño oasis se fue agrandando y cinco años después de su llegada, las caravanas de comerciantes y las compañías de artistas se desviaban de sus rutas para conocer aquel pueblo surgido de la nada, donde señoreaba una bellísima muchacha cuya inteligencia y buen criterio la convirtió en poco tiempo en una suerte de reina del desierto.

Culta y seductora, sencilla con los pobres y habilidosa con los ricos, la princesa había trocado una vida condenada al encierro por un sitio donde sobraba la luz, la justicia y la alegría. Gracias a una autoridad que nadie discutía, fue transformando la aridez en riqueza y la anarquía en orden, de modo que su pequeño pueblo acabó convirtiéndose en una próspera ciudad, donde no tardaron en recalar algunos sabios mendicantes y varios nobles caídos en desgracia.

Entre tantos viajeros y curiosos acertó a pasar por allí aquel joven heredero a quien dejara plantado, convertido ahora en un riquísimo príncipe acompañado por una suntuosa comitiva. Era el resultado de su ansiado viaje por el mundo, de donde regresaba a sus dominios cubierto de gloria, conocimientos y riquezas.

Como era de esperar, no hizo falta hablar mucho para que ambos atasen cabos y tras reírse mucho de aquella coincidencia acabaron enamorándose perdidamente. Esta vez el príncipe no tuvo dudas: hizo trasladar allí mismo su corte y sus ejércitos y, tras una boda que duró quince días, comenzó a levantarse la ciudad más bella, tolerante y justa de la región.

Su fama se extendió más allá de las montañas y llegó a los dominios del anciano rey, quien solo y sin herederos hacía mucho que veía cómo sus vasallos lo abandonaban para irse a vivir al otro lado de las montañas. Dispuesto a hacer un último esfuerzo para que su reino no quedara en el olvido, hizo preparar una espléndida embajada y se encaminó hacia la Ciudad del Desierto, que era el nombre como ya la conocían en todo el mundo. No tenía ni idea qué clase de sitio era aquél, pero acaso la fama de sus gobernantes fuera cierta y aceptarían hacerse cargo de sus tierras.

Encorvado y humillado por el tiempo, fue recibido con todos los honores por los reyes en una suntuosa sala, pero antes de que comenzara a explicar las razones de su visita oyó una voz inolvidable que le decía:

—Sed bienvenido, padre. Éste es mi reino, el sitio de mi destierro pero también el lugar de mi destino. Os debo la vida y la educación. Gracias a ella aprendí a elegir mi camino, y también mi esposo encontró el suyo.

Lógicamente el anciano monarca la hizo heredera de su corona, y aquel inmenso territorio fue desde entonces uno de los más prósperos y felices de la Tierra.

¿Pero acaso es necesario tener problemas para cambiar? Por supuesto que no. Pero probablemente esa carencia de obstáculos nos esté convirtiendo en otras princesitas, en personas abúlicamente felices encerradas en una torre de marfil.

¿Pero acaso es necesario estar siempre cambiando? Está claro que no. Tampoco queremos llegar, viejos y cansados como Ulises, a nuestra Ítaca personal.

De modo que quizá convenga plantearnos un cambio, por pequeño que sea, a la manera de un desafío personal; un acto de valentía que nos permita renacer a la emoción y al placer de lo novedoso. ¿Podemos perder? ¡Por supuesto! Pero también ganar, o simplemente situarnos ante un nuevo y excitante riesgo.

No consiste en cambiar porque sí, ni tampoco en eternizarnos en la abulia. Quizá no podamos cambiar de trabajo: busquemos entonces otros amigos, nuevas maneras de usar el ocio. Quizá lo que no queremos es cambiar las relaciones: busquemos entonces otra manera de estar con ellas, o actividades que nos agraden sin que debamos acudir a la ruptura.

Pero cuidado: no hablamos aquí de cualquier cambio, sino de aquellos que implican la posibilidad de que nuestras expectativas no se cumplan. Esa posibilidad existe, pero ha de impulsarnos a pensar antes de actuar, algo muy distinto a bloquearnos en la parálisis.

Cierta prudencia es buena cuando implica un análisis real de una situación. En cambio es mala cuando tendemos a permanecer indefinidamente en la duda, la indecisión o la inseguridad.

En cierta manera nos hemos vuelto esclavos de lo previsible.

Como mucho, a lo que nos exponemos no es al fracaso sino a la posibilidad de tener que tomar nuevas decisiones.

A modo de ejemplo y con la necesaria ironía, miremos a qué clase de ambivalencias nos somete la publicidad: por una parte se nos ofrecen productos que implican las más desatadas aventuras: coches que llegarán al fin del mundo, perfumes que nos llenarán de admiradores, dietas que nos volverán hiperactivos...

Y por la otra nos venden seguridades, maneras de evitar los riesgos, muros, defensas, fortalezas... De modo que, aparentemente, nada es seguro y todo es posible. Y también que es preciso conseguirlo todo... para luego sufrir con la posibilidad de su pérdida.

¿Pero acaso todo es seguro? ¿Pensamos alguna vez en qué descansa nuestra cacareada seguridad? ¿En un coche, dinero, una casa o un trabajo?

Sí, absolutamente, siempre que te sientas cómodo viviendo con ese tipo de mitos. Sí, por supuesto, si además de eso tienes seguridades internas, si lo que haces se corresponde con lo que quieres. Sí, si piensas que pueden desaparecer todas esas seguridades materiales, pero nada ni nadie te impedirá seguir siendo, en tu interior, la misma persona de siempre.

HOJAS DE RUTA

Quizá podamos comenzar por introducir un poco más de espontaneidad en nuestras vidas, a mirar —otra vez con cierta ironía— en qué clase de moldes encorsetados nos hemos metido, a veces sin darnos cuenta.

Y actuar sin aspavientos: no a la manera de aquel aventurero siempre optimista sino buscando introducir, en primer lugar, un poco más de alegría en el monótono devenir de cada día. En decirnos que quizás en lo desconocido no siempre está lo malo, el desarreglo, la inseguridad. La vida cotidiana también nos ofrece resquicios donde poder encontrar una pequeña oportunidad para iniciar la aventura.

Además, no hace falta esperar una catástrofe para intentarlo: la estabilidad y la rutina muchas veces apadrinan el hastío. Así que... ¡empecemos ahora! No esperemos el final del viaje para descubrir que ya es tarde para bajar.

¿Acaso necesitamos que alguien nos dé una carta de presentación, o un salvoconducto, para decidirnos a cambiar?

Juego de cartas

El vicedecano de los poetas reales descansaba junto a una ventana de su mansión; parecía dormido pero en realidad estaba componiendo unas alabanzas al rey que debía recitar en su próxima visita al palacio.

Después de una larga vida en la que fue estudiante, agricultor, soldado y funcionario, las comparaciones con el difícil oficio de reinar se le agolpaban en la cabeza y no acababa de decidirse por ninguna. Así que las dejó momentáneamente de lado, por un rato, esa tarea y se dedicó a revi-

sar las cartas y mensajes que su sirviente le había dejado en la bandeja de «no urgentes». Comenzó por la de arriba, que según la costumbre era la más antigua. Era una solicitud de un viejo amigo, subprefecto de una región al otro lado de la sierra, para que le procurara algún trabajo al portador del mensaje; al parecer éste había llegado desde otro pueblo y lamentablemente no pudo conseguirle ocupación alguna.

—¿Cuánto hace que arribó esta carta? —preguntó al sirviente.

—Tres días, señor.

—¿Lo habéis atendido bien? ¿Qué hace ahora?

—Le hemos dado comida y un sitio para dormir. No ha hecho nada más. Lleva tres días sentado bajo los naranjos del huerto.

—Hacedlo pasar.

Poco después entró un joven robusto al que, por razones que aquí se nos escapan, el poeta calificó de «transparente». Tras los saludos de rigor y un par de preguntas llegaron al propósito de la carta de recomendación.

—¿En qué deseas trabajar, muchacho?

—Como bodeguero, señor.

—Bien. ¿Sabes cómo se fabrica el vino?

—No, señor.

—¿Y cómo se almacena?

—Tampoco, señor.

«En efecto, es transparente», se dijo el vicedecano, mientras exhalaba un largo suspiro y estiraba la mano para escribir un mensaje dirigido a un amigo sacerdote, de cuyo monasterio salían los mejores vinos de toda la comarca.

Seis meses después, mientras no daba con la palabra exacta para acabar un poema sobre cierta virtud del monarca, tomó la primera carta de la bandeja de «no urgentes» y se encontró con una que le enviaba otro amigo suyo, el director de una academia militar para jóvenes de la nobleza. En ella le solicitaba algún trabajo para el portador de la misma, un joven a quien no pudo situar entre sus allegados.

Para su sorpresa, un momento después entraba el mismo muchacho que quería ser bodeguero. De aspecto cansado y con las ropas algo sucias, estaba menos «transparente» que la vez anterior.

—¿Y cómo es que llegas de nuevo a mi casa? —le preguntó, aunque sospechaba la respuesta.

En efecto, tras una charla más o menos idéntica, el sacerdote lo había enviado a un convento, de donde partió con una carta para otro monasterio, y de allí a un recaudador de impuestos, a un comerciante y un bodeguero, tras lo cual lo recibieron un tasador de granos, un charcutero y un fabricante de vinos, quien conocía a un notario, éste a un curtidor y éste a un apicultor, quien tras recomendarlo sin éxito a otro bodeguero le dio una carta para el director de la academia militar.

—¿Y sigues con la idea de ser bodeguero sin saber diferenciar una uva de una oliva? —preguntó el anciano—. ¿No se te ocurrió pensar que podías buscar algo distinto? No sé, algo que al menos te sirva para comer mejor y vestirte con decencia. ¿Tanto te apetece trabajar de bodeguero?

El muchacho se encogió de hombros.

—¿Y en tantos sitios por donde has pasado no necesitaban algo distinto a un aprendiz de bodeguero? Supongo que ni lo has preguntado. ¿Crees que podrías trabajar en otra cosa, por ejemplo en un jardín?

El otro asintió con una mirada cargada de transparencia.

—Pues sal fuera y pregúntale al encargado de mi jardín en qué puedes ayudarlo. Algo habrá para ti.

—Sí, señor.

El vicedecano lo despidió con un gesto, tomó la segunda carta de la bandeja pero volvió a dejarla. Había dado con la palabra que buscaba para definir al emperador: «inalterable».

Lo dicho: no esperemos que alguien lo haga por nosotros. Para iniciar un cambio de verdad, comencemos por analizar nuestros propios prejuicios y sintamos la libertad de transgredirlos. Y posiblemente descubramos que ese miedo, ese cosquilleo de la incógnita nos ha traído algo mucho mejor que el hastío. Al menos habremos recobrado la emoción de la niñez y la libertad de la adolescencia. Habremos dado un paso adelante con un regusto que habíamos olvidado. No nos escudemos ni en la edad ni en incapacidades inventadas: si la posibilidad es real, nunca es tarde para nada. Ni vivir en permanente huida ni resistirnos obcecadamente a cualquier cambio. Si asumimos el progreso y la evolución, ¿por qué no creer que lo mismo puede ocurrir en nuestra mente o nuestros sentimientos?

Más de uno me dirá que se siente conforme con lo que hace y que además le gusta. ¡Perfecto! ¿Pero te animas a seguir así por el resto de tu vida? Con la mano en el corazón, como dicen: ¿no habrá algo que siempre has querido hacer y has ido posponiendo hasta casi olvidar?

De vez en cuando deberíamos detenernos en una estación como ésta y meditar sobre nuestras vidas. Quizás aún estemos a tiempo de rectificar, de permitirnos un sueño realizable, de afrontar con la cabeza alta nuestras dualidades, la plasticidad que nos ha tocado por ser humanos, pensantes y complejos.

Y hagámoslo con confianza: siempre nos queda la posibilidad de revisar el mapa de carreteras y buscar nuevos atajos: no siempre hay que tener planes, ya que nunca se cumplen con exactitud, especialmente si son muy grandiosos o muy detallados. La búsqueda de nuevas alternativas no tiene por qué convertirse en una obra de ingeniería sino en una oportunidad de crecimiento.

Y no tengas miedo a fallar o a ser mediocre. Sólo las estatuas son perfectas y sólo los que no pueden ir más arriba temen el fracaso. No esperes demasiado de un paseo solitario o un cambio de restaurante. Si buscas que todo te salga perfecto jamás llegarás a terminar nada. Si crees que todo tiene que tener una «razón lógica» mejor quédate en tu seguridad. Y cuando no puedas seguir, piensa en los motivos de tu parálisis. Puede ser que el cambio no consista en un resultado palpable, sino en un pequeño triunfo de tu carácter, en el primero de los muchos cambios por venir. Aprovecha esta estación para ponerte a prueba. Ahí afuera hay un mundo extraño, distinto... Y una vez que subas al nuevo tren de tu vida, no te preocupes por saber adónde vas: lo mejor que te podía pasar es que ya estás en el camino.

Segunda estación: *Solitarios, apáticos y tristes*

UNA LLANURA GRIS

El tren se ha detenido en una llanura sin color ni detalles. Hay por aquí algunas formas confusas, quizá sean árboles o rocas, pero los pasajeros de este vagón no tienen ganas ni necesidad de comprobarlo. El viento trae músicas y risas, pero no les interesa compartirlas. ¿Total para qué?

Nada les causa miedo o curiosidad.

Su mundo es desabrido, incoloro y falto de emociones. Y a veces están tentados en abandonarlo... pero tampoco tienen noticias de que haya otro mejor. Así que continúan envueltos en los márgenes seguros de la más perfecta inmovilidad.

O sea que en apariencia están deprimidos. O al menos eso nos han dicho que es la depresión.

Mas no hay que confiar en las definiciones fáciles: si estuvieran así ni siquiera hubieran iniciado este viaje. La verdadera depresión es algo tan serio que jamás nos atreveríamos a definirla de un modo tan profano. Es lisa y llanamente una enfermedad y por lo tanto hay que recurrir a un médico. Así que, definitivamente, ni aquí ni en el resto de este tren oiremos hablar de la depresión.

De lo que hablamos aquí es de un estado de ánimo en el que solemos «caer», como quien trastabilla sabiendo que puede levantarse. Una sensación de abandono, de quietud apática, de nostalgia de no sabemos qué. En suma: estamos hablando de la tristeza.

De tanto dar vueltas con las princesitas de los cuentos: ¡ahora sí que somos como ellas!

Pues sí: hablamos de la tristeza que se traduce en desgana y falta de acción; en ausencia de fuerzas, en un deseo de estar a solas e inmersos en nuestra intimidad. Por eso es natural que nuestros familiares y amigos hagan lo mismo que los reyes de los cuentos: ofrecer una recompensa a quien logre sacarnos de ese estado.

¡Pero a saber qué es lo que realmente nos pasa! Así que antes de buscar el remedio será mejor que demos un vistazo más detenido a nuestra estación de ánimo. Pero antes, un cuento:

La feliz dolencia del tesorero

No es fácil la vida de un tesorero real, mucho menos si se trata además de una persona honesta y responsable. El de esta historia había llegado a los sesenta años cansado de viajar y viajar por el reino, siempre acompañado por un séquito de secretarios, guerreros y notarios. Había cumplido con justicia y rigor su cometido, y un año más las arcas reales estaban llenas y el rey satisfecho, así que el tesorero se aprestaba a tomar un merecido descanso.

Mas de pronto ocurrieron algunas cosas raras. Mejor sería decir que aquel hombre comenzó muy lentamente a dejar de hacer cosas: un día se puso una bata y no se la quitó más, otro dejó a medias la comida y salió a caminar, y el tercero no contestó a las preguntas de la servidumbre.

Al principio lo tomaron como una consecuencia del cansancio, pero cuando tampoco respondió a las preguntas de su mujer o sus hijos, todos llegaron a la conclusión de que el funcionario no estaba algo cansado sino bastante enfermo. De modo que llamaron al médico de la familia, quien después de incontables exploraciones concluyó que sus males no eran físicos sino mentales. Poco a poco, el tesorero real se estaba ausentando de la realidad: comía cuando tenía hambre, dormía cuando se le cerraban los párpados y pasaba el resto del día deambulando por sus jardines o sentado en cualquier sitio con la mirada perdida.

Tras muchos intentos con todas las terapias conocidas, el médico comunicó a la familia que aquel hombre simplemente había perdido el entendimiento y que su ciencia no daba para más. Desesperados por su estado pidieron ayuda al rey, quien mandó llamar a los mejores médicos del país y les pidió que encontrasen un remedio urgente para la apatía del mejor de sus funcionarios.

Sometieron al enfermo a toda clase de exámenes y pruebas, pero todo fue inútil: si el cuerpo y la mente del tesorero sólo respondían a impulsos básicos, su espíritu se había ausentado por completo.

Como aquello era una auténtica amenaza para la economía del reino, la búsqueda de soluciones se extendió más allá de sus fronteras. Desde un lejanísimo monasterio llegó por fin uno de los sabios curanderos más respetados del mundo, quien tras un corto examen se hizo traer ciertas hierbas y alimentos y dictaminó lo siguiente:

—Estaré encerrado con el enfermo durante cuarenta días y cuarenta noches en una habitación. Nadie debe molestarnos y en esta casa reinará un silencio absoluto. Dejaré junto a la puerta lo que no sirva y allí dejaréis lo que yo pida.

Y así fue. Con el aliento contenido, la familia, los médicos y otros funcionarios reales esperaron el resultado del tratamiento. Nunca supieron qué hizo, pero cuando finalizó el plazo fijado el sabio abrió la puerta de la cámara y los hizo pasar, haciéndoles una señal de silencio.

Pálido y con evidentes signos de empeoramiento en el cuerpo y en el rostro, el tesorero real estaba sentado junto a la ventana, con la mirada perdida y una manta sobre sus piernas. Su mujer y sus hijos se taparon la boca con espanto y los médicos se cruzaron miradas interrogantes. ¿Dónde estaba la mejoría?

El médico volvió a pedir silencio y tras acercarse al enfermo lo sahumó brevemente con incienso y le quitó un par de agujas muy pequeñas que tenía incrustadas en el entrecejo. Y fue como un milagro: el tesorero comenzó a pestañear con extrañeza, miró alrededor, después hacia fuera y, tras contemplar uno a uno los rostros que le rodeaban, comenzó a levantarse. Los colores se fueron reestableciendo en su rostro macilento y, tras unos minutos de tensa espera, la palidez de su rostro dio pasó al más intenso de los rojos. Su cuerpo cobró verticalidad y, tras dar unos pasos mirando alrededor, cogió un pesado bastón y la emprendió a golpes con todo lo que tuvo a mano: jarrones, espejos, estatuas, frascos de medicinas, vajillas, después de lo cual continuó con su familia, el sabio, los médicos, los funcionarios y la servidumbre.

—¡Inútiles! ¡Malditos entrometidos! —bramó con furia incontenible—. ¿Quién os dijo que yo estaba enfermo? ¿Quién os pidió que hicierais esto? ¡Había logrado olvidarlo todo! ¿Entendéis? Había conocido la felicidad: logré olvidar quién era y qué hice; la cantidad de pequeñas y grandes injusticias que cometí sin querer a lo largo de toda mi vida. Olvidé los rostros y las palabras de quienes me adularon y quienes me odiaron. Olvidé las deudas del pasado y los proyectos del futuro. ¿Entendéis lo que es disfrutar de eso siquiera por un momento? Carecí de historia, de culpas y de miedo. ¡Fui feliz! Y vosotros, parásitos, chupasangres y matasanos, todos preocupados por que no dejase de hacer lo que hacía, en vez de alegraros de que por fin había dejado de ser lo que era. ¡Os maldigo! ¡Os odio! Me habéis devuelto todo lo que quise olvidar. ¿Estáis contentos? ¡Ya vuelvo a ser infeliz!

Y tras destrozar otra vez todo lo que encontró a su paso, el tesorero salió al jardín, se abrazó a un árbol y lloró por la pérdida del olvido.

CUANDO HAY MOTIVOS

Quitemos de nuestra mirada las muchas aflicciones causadas por algún tipo de pérdida verdadera: desde el amor a la esperanza, desde un bien concreto (como una joya) a lo inmaterial (un sueño hecho pedazos).

Cuando algo desaparece de nuestras vidas, por mínimo que sea, su ausencia nos duele. Y ese dolor tiene un abanico de manifestaciones que van desde el enfado y la ira a la más absoluta congoja y desesperanza.

Podemos llorar con rabia o con dolor, podemos quejarnos con desprecio o amargura, podemos enfadarnos, pero siempre nuestro estado de ánimo tendrá un origen... y por lo tanto un desarrollo y quizás un fin, por lejano que parezca.

El dolor, o lo que es lo mismo, el duelo del que suele hablarse tanto (ese periodo inevitable que sobreviene tras la pérdida de algo), es un tiempo que se debe vivir de forma inevitable. Corta o larga, intensa o suave, la tristeza por una pérdida es una situación que compartimos entre nosotros y el bien perdido. Mientras «eso» esté con nosotros, seguiremos padeciendo por su ausencia.

Lo natural es que la fuerza de la vida vaya ocupando de algún modo el hueco de lo perdido, no precisamente con reemplazos sino más bien con resignación, esa conformidad que sobreviene cuando nos hacemos cargo de que algo ya es irrevocable.

Por lo tanto quisiéramos también dejar para otro momento, precisamente porque están muy lejos de la intención lúdica o didáctica de un cuento, aquellas tristezas que lindan no sólo con la desgracia sino también con el dolor y la enfermedad (ya hablaremos de ello en otra estación). La languidez o el desánimo (esta vez como consecuencia de un trastorno físico), tanto como la desesperación, la ansiedad o la desolación, tienen una magnitud demasiado real y humana como para atrevernos siquiera a encontrarles un símil literario. Son parte de la vida, aunque demasiado a menudo aparecen precisamente cuando pareciera que nos la están negando.

¿DÓNDE ESTÁ TU FLOR AZUL?

Porque convengamos que hay penas que no duelen tanto... como cuando parecía que nuestra princesita estaba triste, pero llegó el príncipe con aquella flor azul y ella sonrió. Y con el colorín colorado descubrimos que su estado era simplemente... ¡por una carencia!

¿De modo que no era más que una chiquilla consumista?, se preguntan decepcionados algunos pasajeros. ¿Entonces lo que siento es algo así como cuando a un adolescente se le niega la última versión de las deportivas más famosas?

No. Ni tan profunda ni tan frívola, la verdadera tristeza (esa montaña tan alta que muchos han de subir cada día) agobia tanto que bien vale la pena buscarle un origen. Puede que no sea tan fácil encontrarlo, pero resulta inevitable pensar que a todos nos falta esa flor azul. Sólo que si queremos sanar tendremos que comenzar por darle un nombre y una forma, para luego poder convencernos de que está en algún lado.

Lo contrario es estancarse en el abandono, quedarse en la comodidad de la no-búsqueda, a la espera de que algún príncipe se enamore y descubra para nosotros ese remedio mágico. Sólo que puede pasarnos lo que a la protagonista de este cuento.

La princesa está triste

La princesa está triste, y no es para menos. Lleva años esperando a su príncipe azul y está a punto de claudicar.

Como las de los cuentos, ella también ha pedido tres deseos imposibles y más de un pretendiente lo ha logrado; pero al final era demasiado brusco, demasiado pobre o demasiado tonto. Le han traído el velo de oro, el pájaro de fuego y la lámpara maravillosa, pero los vencedores eran feos, incultos o engreídos. El viejo rey se ha muerto y ya no hay más emisarios que surquen los siete mares con la promesa de su mano. Además ¿qué otra cosa podría pedir? Inventó acertijos imposibles, misiones descabelladas y tareas irrealizables. Por su amor se hicieron castillos encantados, puentes de plata y trajes de luna; por ella han muerto cien ilusos en cuevas de gigantes, en boca de dragones y bajo el hacha del verdugo. Pero los que al final trajeron el anillo mágico, el cinturón de perlas o la piel del lobo eran unos simples que no sabían ni bailar un simple vals.

Y los príncipes deseados se fueron tras burdas cenicientas, blancanieves de mal gusto y buscavidas con piel de asno. El que era sabio era un enclenque y el que fue guapo era muy tosco. ¿Iba ella a ceder su piel de manzana, su boca de fresa y su cuerpo de junco? Sólo buscaba un hombre hermoso de su mismo rango, su cultura y su riqueza. ¿Era pedir tanto?

Para probar al amado se transformó en sirena, esfinge, gacela y adefesio; bajó al inframundo, atravesó el infierno y se deshizo en la nieve; vivió en espejos, madrigueras y torreones; conoció la cárcel y el destierro... Pero ni fueron felices ni comieron perdices: el elegido era un monstruo con el cuerpo de un efebo.

La princesa está triste, está sola y a punto de claudicar.

La princesa cumplirá setenta años, se acerca el invierno y las sirvientas le han dicho que el porquero del palacio la pretende. Moja su pañuelito de encaje en aroma de rosas y ordena que lo hagan pasar.

Así pues, los príncipes suelen ser tan ilusorios como la misma flor, e incluso es posible que más de un viajero tenga que convertirse a la vez en lo uno y lo otro: en su propia flor y su propio príncipe.

Porque la verdadera tristeza es un huésped que tarda mucho en afincarse, pero cuando lo hace es difícil espantarlo. Viene a través de pequeños hábitos negativos:

- En la repetición mecánica de gestos que podemos cambiar.
- En la creencia de que son «los otros» los que nos agobian.
- En creernos fracasados antes de dar un primer paso.
- En confundir un éxito personal con el reconocimiento ajeno.

La tristeza llega y se queda porque usa el espacio de aquello que nos falta, sea el amor, la amistad o la comprensión.

Y si no creemos en la cura, al menos busquemos paliativos. Por ejemplo relativizar la tristeza, ponerla en un sitio amplio pero no absoluto y ganarle terreno poco a poco, del mismo modo como se instaló en nuestras vidas. No busquemos las soluciones grandiosas o el recurso de la magia: son esos pequeños gestos positivos, los imperceptibles cambios en lo cotidiano, los que harán tambalear la inmensa pero frágil estructura de la apatía y el abandono.

MELANCÓLICOS Y SOLITARIOS

Para seguir con el símil, digamos mejor que los tristes príncipes de nuestros cuentos no están presos de la tristeza sino de la melancolía, a la que por poética y difusa debe tanto la literatura.

Y es que la melancolía no sólo es interna (como la pena) sino profunda y oscura, tan complicada de definir que se pierde en los rincones del alma, de modo que ni el propio melancólico sabe muy bien qué ha perdido... como no sea a él mismo.

Nada que ver, por tanto, con las nostalgias, las añoranzas o las morriñas, que generalmente se refieren a algo que se perdió de verdad o está lejano, pero cuya concreta ausencia no nos conducirá al abismo.

Más bien parece que el «perdido» es uno mismo y, según los ámbitos donde viva el «atacado» de melancolía, algunas veces será tomado por loco y otras por exquisito.

Y es que un melancólico es también un soñador, un artista, alguien que se pierde en las nieblas de sus fantasías, probablemente porque este mundo le parece rancio y poco estimulante. Quizá tenga razón, siempre que sus ensoñaciones no le sean dañinas ni afecten a otros. O siempre que detrás de su melancólico mutismo no esté escondida la auténtica soledad.

¿En cuál de esas posibilidades pondríamos a la triste princesa del próximo cuento («La montaña dorada»)?

En cualquiera de estos casos sí que estaríamos en una estación donde vale la pena detenerse a mirar un poco más. Ya no se trata de un dulce abandono sino de una sensación casi dolorosa de aislamiento, de replegarse en uno mismo y, en lo posible, fuera de la vista de todos.

En efecto, la verdadera soledad es precisamente la que se experimenta a solas... valga la redundancia. Los que dicen que «están solos» pero encuentran formas de hacerlo saber, en realidad están pidiendo auxilio y, posiblemente, no están solos sino desamparados.

En cambio hay otras soledades, las rencorosas, enquistadas en el recuerdo de un fracaso que se ha convertido en paralizante, en esperar con miedo otro desengaño, así que «¿para qué intentarlo otra vez?».

Resulta notable que, por el contrario, muchas personas no se atrevan a decir que se sienten solas, posiblemente porque los amigos y las compañías se han convertido en una posesión más. Y en este mundo donde todo se compara, resulta casi de mal tono demostrar tristeza o soledad.

Un amigo siempre alegre es un objeto a exhibir. Un triste, no.

Incluso un amigo aburrido suele tener más invitaciones que quien está siempre triste, posiblemente porque los aburridos no dan pena.

Y aún más: la demostración de la tristeza o la soledad suele reservarse para la intimidad, de tal modo que el triunfo parece acompañar a los insensibles, a los fuertes, los implacables y los arrogantes.

De forma inversa y bastante curiosa, el éxito de muchos artistas o terapeutas radica simplemente en que «nos hacen llorar», como si el llanto fuese algo muy difícil de conseguir.

En otras palabras, cuando un sentimiento no está de moda no quiere decir que no exista. Actualmente se valora tanto el vigor, el empuje y la alegría, que los melancólicos (sin motivo) tienen asegurada la tristeza o la soledad. ¿Por qué? Porque para muchos el estar solo no es una contingencia sino un fracaso social. La obsesión por la felicidad ha puesto un estigma sobre la tristeza: hay que estar compulsivamente felices y, fundamentalmente, demostrarlo.

Así pues, lo que proponemos no es el llanto porque sí ni la huida a los paraísos del sueño, pero sí el necesario retorno a la expresión de la tristeza y la soledad: debidamente transitorias y útiles, por supuesto. Hay que otorgarse de vez en cuando el «placer» del llanto liberador o la rebeldía de un par de días en soledad.

Quizá sepamos así cuál es el motivo de nuestro desánimo o por qué causa estamos solos.

La montaña dorada

La joven princesa contemplaba durante horas las doradas cumbres de una montaña. A veces sus párpados parecían cansarse, y entonces giraba levemente la cabeza hacia la habitación y se encontraba con los ojos de su esposo. Una triste sonrisa se le dibujaba en el rostro y después volvía a mirar afuera. El joven príncipe sólo tenía ojos para ella.

Había otras montañas, pero ésta era la más lejana, con el dibujo perfecto de su único pico emergiendo justo al centro de las laderas más próximas. Y tan bella... la última en dorarse brevemente antes del definitivo ocaso. Tal vez por eso la amaba, por ser la última en recibir el sol.

Era embriagador mirarla durante horas, el bordado inerte entre las manos quietas, mientras la cumbre iba cambiando del azul al blanco, del amarillo al oro. Y después la oscuridad, el interior, las velas mortecinas.

—¿Me quieres? —susurraba el príncipe.

—¿Por qué lo dudas? —preguntaba a su vez.

—Sólo tienes ojos para esa montaña. Me da celos.

—Es sólo eso: una montaña lejana. Nada más. No puedo amarla como te amo a ti.

—¿Y cómo me quieres a mí?

Ella suspiraba con tristeza y meneaba la cabeza: «Nunca lo entenderías». Y sólo esperaba un nuevo día para volver a verla, y otro invierno para adivinarla entre la bruma, y otro verano para reencontrarla.

—No puedo verte así —gimió el príncipe—. Morirás de pena. Ven, te llevaré conmigo. Cien hombres nos abrirán camino para que pueda ser tuya. Te llevaré a contemplar de cerca tu montaña dorada.

—Amado mío —contestó la princesa—. ¿No comprendes que es bella precisamente porque está lejos? Si yo fuese allí perdería su hermosura.

Ofuscado, el príncipe partió hacia la montaña con un séquito de mil hombres. Quería vencer a quien le robaba unas miradas que eran suyas. Quería humillar la causa de su pena. Si fuera preciso la haría demoler.

Pero jamás volvió.

La princesa murió de pena, mirando las cumbres de su montaña, más bellas y tristes porque acunaban el sueño de quien no entendió su amor.

LOS MAL ACOMPAÑADOS

Sigamos observando algunas figuras más de este vagón. Hay personas cuya soledad no es una elección: cualquier pérdida no deseada puede sumirnos en una soledad tan angustiosa como de difícil salida, especialmente si además fue dramática. Por lo tanto, repetimos que no se habla aquí de quienes buscan la soledad o huyen de ella por simple desesperación. Como dijo alguien, «los recuerdos no ayudan mucho a la soledad, más bien la profundizan». De modo que no es raro que tras una experiencia dolorosa muchas personas opten por alguna de las dos salidas.

Aclarado esto, miremos a esos interesantes especímenes que parecen estar siempre a la búsqueda de nuevas relaciones. No nos referimos a esos superdotados de la comunicación que se ganan la vida como «relaciones públicas». Se trata de los amistosos compulsivos, ésos a quienes les resulta insoportable estar un minuto a solas.

Probablemente, todos hemos pasado por rachas muy semejantes de sociabilidad a ultranza y por eso estamos en condiciones de entenderlos. En otras palabras: estuvimos solos y a la vez no nos sentíamos bien, dos estados que no tienen motivos para ir juntos, aunque suele ser así.

Pero ocurre que hay gente que se lleva muy mal consigo misma y por eso necesita estar siempre en compañía, aunque sea mala. Si, como dijimos más arriba, hay soledades fructíferas porque se eligen en libertad, del mismo modo hay personas que se sienten obligadas a no estar jamás a solas.

Podríamos decir que en vez de muy sociales, en realidad sienten terror a la soledad, a los fantasmas que vienen con ella, o simplemente la ven como un castigo o una desgracia.

Lo más seguro es que detrás de estas actitudes se esconda la historia de un fracaso. Todos hemos tenido nuestros momentos de soledad rebelde tras una ruptura, diciéndonos que «esto no volverá a pasar». Pero seguramente volvimos al mundo, mejores y más curtidos.

Distinto es el caso de quien, para no volver a estar expuesto a ese fracaso, va gestando relaciones tan ocasionales como superfluas. Antes de ahondarlas prefiere multiplicarlas; cede la calidad por la cantidad, de tal modo que nunca estará expuesto a sentirse abandonado. Y ese temor los hace esclavos de las relaciones, los vuelve hipócritas en el trato e incapaces de abandonarlas.

A veces el miedo a estar solos no surge de nosotros sino que es impuesto. Es cuando alguien nos amenaza con la soledad como castigo. Eso se conoce vulgarmente como «chantaje afectivo».

Esta parada nos invita a saber que por estar solos no somos inferiores, y que para estar solo y bien hay que tener las ideas muy claras. Sólo entonces descubriremos los matices, la riqueza y las potencias que nos brindan las relaciones elegidas con libertad.

¿Que nos amenazan con la soledad? Pues está bien, quizá cuando «ellos» se vayan podremos decirnos con orgullo: ¡Aquí estoy!

En otras palabras, la soledad bien aprovechada nos enseña a relacionarnos con independencia, a forjar afectos sin dejar de ser nosotros mismos.

Ni la soledad ni las relaciones tendrían que ser impuestas, sino convertirse en un acto de libertad.

Y más que nada recordemos que quien dice que no es feliz es porque en el fondo sabe qué es la felicidad... ¿Qué espera entonces para buscarla?

Tercera estación: *De la autoestima al fracaso*

LOS QUE NO BAJARÁN DEL TREN

Semejantes pero no iguales a los solitarios del capítulo anterior, los pasajeros que van en este viaje preferirían quedarse en la protectora penumbra del vagón. Digamos, antes de seguir adelante, que la soledad buscada o impuesta significa ausencia de otros. Los tímidos, en cambio, son los que están solos con los demás. El tímido puede estar solo, pero no siempre; el solitario es aquel que no tiene necesidad de ejercer la timidez.

Aquí nos referimos a quienes les aterra la posibilidad de ser mirados, de provocar la atención, de poner al descubierto sus imaginarias imperfecciones. Son gente común y corriente, pero un espejo interior les dice que son distintos, y en algunos casos inferiores al resto. Así que ahí están, con la vista baja y el secreto deseo de pasar lo más desapercibidos posible.

Lo primero que nos viene a la mente es que son tímidos y vergonzosos, y por aquí empezaremos a establecer algunas diferencias: los primeros aparentemente no llevan equipaje; los segundos sí. Vamos a espiar a los primeros y dejaremos para otro capítulo a los segundos, que no dejan de dar ojeadas de soslayo a sus bolsos y maletas. Ese equipaje es el pasado, algo que siempre se lleva a cuestas cuando tenemos vergüenza o culpa. En cambio, los tímidos parece que son así por temperamento y, repetimos que en apariencia, no cargan con ninguna «mochila» del pasado.

Evidentemente, ambos grupos tienen algo en común: no se ven con muy buenos ojos ante su propio espejo interior. La diferencia está en lo que piensan —y temen— que les dirán al mirarlos. El que tiene timidez se asusta ante un «¿Quién eres?». Al que tiene vergüenza le aterra el «¡Sé quién eres!».

Claro que cualquier distinción que pretenda englobar lo humano acaba siendo arbitraria: cuando se define la timidez se suele mencionar la vergüenza, y viceversa. A pesar de ello, y sólo para que nuestra parada sea útil, seguiremos adelante con la misma distinción.

De modo que vamos a detenernos en ciertos pasajeros a quienes, si pudieran, les gustaría convertirse en invisibles con el único fin de que nadie las vea como son.

AQUÍ HAY TRAMPA

En el mundo occidental se valora la independencia, la competitividad, el éxito... Hacer bien algo no es suficiente, necesitamos además de la aprobación ajena. Esa aprobación causa orgullo; lo contrario, vergüenza, cuyos efectos trataremos después.

No obstante, la trampa del éxito, la posibilidad de la aprobación ajena, pueden actuar incluso antes de que realicemos algo. Anticipándonos al fracaso, decidimos que todo nos va a salir mal, ya que carecemos de las virtudes y habilidades que nos conducirán al éxito. En otras palabras, carecemos de autoconfianza, de autoestima, y nos sentimos inferiores sin que aparentemente tengamos motivos para ello. Y a simple vista eso no constituye una carga del pasado. Pero muy pocos no la llevan. Sólo que no se ve.

Como en muchas estaciones de nuestro recorrido, la causa del malestar se encuentra en los mecanismos sociales. En primer lugar vivimos en culturas basadas en la imagen; lo visual caracteriza lo que recibimos y nos preocupa la visión que damos. A pesar de algunas teorías que pregonan lo contrario, estamos instalados en la preeminencia de la forma sobre el fondo, el envase sobre el contenido, lo exterior sobre lo interior. Lo que es bello, si además es bueno y visible, tanto mejor.

Por otra parte, no se trata de hacer algo, sino de hacerlo siempre lo mejor posible.

En otras palabras, lo mediano o lo justo es visto como mediocre, imperfecto... Una trampa más.

¿Cómo se las arregla entonces aquél que simplemente quiera hacer sin sobresalir, trabajar sin tener que demostrar que lo hace, ser sin estar obligado a parecer?

Pues le ocurre lo que al protagonista del siguiente cuento.

Un marido con dos cabezas

Al quedar viudo, aquel hombre volvió a casarse con una mujer algo mayor que él. Pero como además era rico y las leyes lo permitían, se buscó una más joven y le puso una casa cerca de la otra. Y así es que pasaba unos días con la anciana y otros con la joven, siendo medianamente feliz con ambas.

Mas los celos y las rencillas no tardaron en aparecer: a la anciana le resultaba de mal gusto que su marido durmiese con una muchacha, y a ésta le parecía un descrédito que su marido paseara del brazo de una mujer tan mayor.

Y así fue como, para que el hombre estuviera más a tono con ella, la mayor lo obligaba a vestirse con ropas lúgubres y le quitaba los escasos cabellos oscuros que aún tenía en la cabeza, de modo que sólo resaltasen sus canas.

Por su parte, la joven lo obligaba a vestirse con ropas estrafalarias y le arrancaba las canas, de manera que su marido pareciese más joven.

Y entre la una y la otra no sólo lo dejaron calvo en unos meses sino que el pobre hombre ya no sabía qué ropa ponerse para salir a la calle.

Por fin, harto de no ser él mismo, dejó a ambas esposas y se puso a buscar otra que lo aceptase entrecano como era y le dejase vestir como le viniera en gana.

Hay muchas personas que no son como este señor, y se limitan a vivir tensiones parecidas sin que les afecte. Están satisfechas y ni las miradas externas ni la percepción que tienen de sí mismas les inquietan.

En cambio otras reaccionan con timidez, recato o pudor. La mirada ajena les importa y su espejo interior no les devuelve una imagen que les agrade. Si a eso agregamos la imposición del perfeccionismo entenderemos por qué, en algunos casos, llega a anularles la capacidad de reacción hasta sumirlos en la parálisis.

El cuerpo o los sentimientos, o ambos a la vez, son realidades que los tímidos prefieren mantener fuera de la vista, en previsión de un juicio desfavorable. Se sienten ajenos a los cánones físicos o intelectuales marcados por el entorno, por esos «ojos» que siempre vigilan.

Sienten que la diferencia es algo malo y, al verse diferentes, se consideran inferiores. Así que antes de cualquier evaluación están seguros de que saldrán mal parados.

Y ahí está otra de las trampas: la seguridad.

Dijimos que los tímidos no parecían arrastrar aspectos del pasado que les provocasen vergüenza. Pero parece que no se trata de cosas mal hechas sino mal aprendidas, que al fin y al cabo también forman parte del equipaje: hemos aprendido a tener miedo a lo desconocido porque además es inseguro. El «coco» podía estar en un lugar en el que no debíamos acceder, pero también en libros que no podíamos leer, acciones a evitar, personas a ignorar, imágenes que no debíamos ver y preguntas que callar. El castigo a la trasgresión era no sólo externo sino que con el tiempo se hizo interno, de modo que nos convertimos en esclavos de lo seguro.

Y la trampa de la evitación del riesgo quedó tan instalada en nosotros que incluso nos borró como personas. Teníamos un yo naturalmente curioso y preguntón, pero a costa de tantas negativas nos olvidamos de él y lo anulamos. Y cada vez que una vocecilla interna nos pide un cambio (sobresalir, hablar, mostrarnos) la silenciamos con tanta rapidez como sea posible. Existimos y deambulamos entre la gente, pero nuestro estado perfecto es la transparencia.

De modo que sí es posible que en este tren haya muchos pasajeros tímidos, vergonzosos, apocados, pudorosos, modestos, reservados, retraídos, humildes y hasta pusilánimes (¡hay tantos matices entre unos y otros!). Ellos viajan por la vida con el mayor sigilo posible y con pocas cargas del pasado.

Estamos seguros de que su mundo interior es mucho más bello de lo que imaginamos, pero por desgracia nos lo tienen vedado y, ciertamente, no tenemos el menor derecho a introducirnos en él.

Quizá sólo nos queda la posibilidad de manifestarles nuestra comprensión y contarles en qué consiste realmente el miedo al fracaso.

Pero cuidado con asustarlos: se trata sólo de una invitación para que levanten la vista y nos escuchen. Para comenzar, endulcemos sus oídos con un cuento de hadas.

La otra

La muchacha fregó los platos y las cacerolas, barrió las migas y acomodó los troncos en la chimenea, de modo que quedasen algunos rescoldos encendidos para el día siguiente. Cuando se puso en pie le dolía la espalda y se dijo que tendría que irse a dormir pronto porque antes de que saliera el sol debía ordeñar la vaca y preparar el desayuno a la madrastra y sus hijas. Estaban en el baile del palacio y seguramente se levantarían hambrientas y de muy mal humor.

Aguzó el oído pero esta vez el viento no le trajo aquella música lejana que le hacía llorar. Suspiró, se arrebujó junto al fuego y se puso a soñar en que alguna vez vendrían tiempos mejores. De pronto hubo un rumor junto a la puerta...

El baile estaba en su apogeo, las salas hervían de gente y las parejas daban vueltas y vueltas en el gran salón, pero también en los pasillos y jardines. La noche era espléndida y la prodigalidad del príncipe se había hecho notar una vez más. No había razón para que nadie fuese infeliz.

Y mucho menos el príncipe, quien tras haber comido y bebido todo lo que pudo, como era habitual, estaba dando una de sus tragicómicas muestras de falta de gracia, dando saltos y haciendo monerías mientras intentaba dar unos torpes pasos de baile con una pobre muchachita a quien esa noche tocó en suerte acompañarlo.

Pero de pronto el tiempo pareció detenerse, las cabezas giraron hacia las grandes puertas y un rumor voló sobre los corrillos. ¿Quién era esa bellísima joven que acababa de entrar? Jamás la habían visto en la corte, seguramente porque era de algún sitio lejano. Y sin duda muy rica, ya que

aquel traje y esas joyas eran espléndidos, impresión que completaron los invitados que venían de los jardines, adonde habían visto llegar una fastuosa carroza dorada con cierta semejanza a una calabaza...

La chica titubeó en la puerta, algo cohibida por aquella lluvia de miradas centrada en su persona. Pero no duró mucho: de cuatro zancadas ya estaba junto a ella el inefable príncipe quien, deslumbrado como todos, la estaba invitando a bailar. Y para asombro de todos, la muchacha supo estar a tono con las circunstancias y se puso a dar tales saltos y cabriolas que las torpezas del príncipe quedaron pálidas al lado de los aspavientos, gesticulaciones y carcajadas de su nueva pareja. Si el príncipe hacía una monería, la de ella era aún más cómica, y si el uno hacía un par de movimientos poco elegantes, los de ellas rozaban la zafiedad. «Tal para cual», comentaron tras sus abanicos algunas de las matronas de la nobleza, que no podían ocultar su desagrado ante aquel espectáculo tan fuera del protocolo.

Pero como parecía a punto de desfallecer de agitación, el abotargado príncipe ya estaba llevando a la bella desconocida a su mesa, donde seguramente la invitaría a otra de sus rondas de manjares y licores.

—¿Quién eres? ¿Qué haces por aquí? —le preguntó cuando hubo despachado un par de muslos de pavo y otras tantas copas de vino.

—¿Yo? —dijo la bella desconocida, mientras pellizcaba con los dedos el interior de un suculento pastel. Trabajo por ahí...

Y como el príncipe pareció no entender sus respuestas, la chica se pasó los dedos engrasados por los cabellos para comprobar si la diadema seguía en su sitio y le contó una increíble historia:

Venía por un camino con un par de conejos que había cazado en el bosque cuando oyó un rumor de caballos. Un momento después se detuvo a su lado una carroza dorada de la que bajó una chica muy hermosa que le preguntó si no le gustaría ir por ella al baile del palacio, para lo cual le daría el traje que llevaba, así como las joyas y el carruaje. «Soy tan pobre como tú —se disculpó— pero se me acaba de aparecer un hada que me convirtió en lo que estás viendo.

Aunque mientras venía para aquí, comprendí que había sido una tonta toda mi vida. Nunca me gustaron ni mi madrastra ni sus hijas, a quienes tuve que atender desde que murió mi padre. ¿De qué me servirá convertirme en reina por una noche? ¿Acaso eso me hará feliz? No valgo para princesa ni quiero seguir de sirvienta. Por otra parte, sé cómo es el príncipe: no va a gustarme, ni yo a él. Así que soy yo la que va a elegir: quiero aprovechar esta salida para irme a otro pueblo a conseguir un sitio donde me traten mejor. ¿Qué dices?».

Obviamente la chica aceptó el trato, nada iba a perder. Y así fue como, en medio de la oscuridad, se intercambiaron las ropas. La otra la ayudó a vestirse, la peinó y le restregó la cara con un pañuelo para quitarle la suciedad. Después de eso se perdió en las sombras y la carroza siguió rumbo al palacio.

—Y aquí me ves... ¡cenando con el príncipe! —dijo la chica, soltando al aire una contagiosa carcajada—. Por cierto, antes de las doce debo irme, la otra me dijo que este vestido y estas joyas no durarán un minuto más. Debo tirar uno de los zapatos a la salida. No me preguntes por qué. No tengo ni idea, órdenes del hada...

El príncipe la miró embelesado. En su vida podría haber encontrado una mujer con la que se sintiera tan a gusto y no pensaba perderla así como así...

—Al diablo con el hada. En este palacio hay cientos de vestidos y joyas mucho más bonitos que éstos. Serán todos tuyos. ¿Quieres casarte conmigo?

La chica lo miró de arriba abajo y se dijo que aquel príncipe torpón y entrado en carnes no estaba nada mal. Lanzó una carcajada para disimular su emoción y dijo que sí.

LAS MIELES DEL FRACASO

A continuación, pongamos a nuestros aspirantes al optimismo un cartel de bienvenida: «El fracaso personal no existe».

Hay propósitos que no se cumplen, hay errores, confusiones... pero eso no califica a la totalidad de una persona, sino a lo hecho en ese momento.

¿Y por qué hay triunfadores? nos pueden preguntar. Porque han hecho una o muchas acciones exitosas. Pero no todas han sido así, aunque se prefiere generalizar un par de aciertos y definir a esa persona como triunfadora (¿es acaso un triunfador el hombre del siguiente cuento?).

Del mismo modo se tiende a generalizar los desaciertos y convertir a una persona en fracasada, cuando en realidad se ha equivocado en una o varias de sus tareas.

Y más que la repercusión externa, lo que importa es cómo se siente en su interior. Puede ser que vea sus errores más terribles de lo que son; o, por el contrario, estar satisfecho con su tarea, a pesar de que no haya salido tan bien como hubiese querido.

Porque una cosa es la responsabilidad (que siempre la tenemos), y otra es que todo nos tenga que salir a la perfección. Tanto llega a pesar esta trampa que no atinamos a cambiar el imperativo de la perfección por la responsabilidad de un buen hacer sin coacciones.

Incluso hay quien traslada esa obligación a otros aspectos de su vida como el vestir (siempre del buen gusto general), la casa (siempre ordenada), las amistades (perfectas y sin discusiones) o los viajes (organizados hasta el menor detalle). De allí que quienes no se paralizan caen en la hiperactividad perfeccionista, que es el germen del tan vapuleado estrés.

Es cierto que, de hecho, la sociedad suele dictar en cada época en qué consiste el éxito. Y también dijimos que el verdadero fracaso no se impone desde fuera sino que se percibe desde dentro.

Pero aunque pueda resultar ampuloso, el auténtico fracaso ha sido siempre el no haber conocido la felicidad.

Hay quien teme al fracaso porque de él depende la estima social; es lo que manda hoy en día y a nadie se le puede reprochar que lo persiga, especialmente si además eso lo hace feliz. Lo que ocurre es que hay muchas personas de éxito que no lo son; de modo inverso, hay quienes no tienen éxito social pero en cambio son felices.

Por lo tanto y según cómo se mire, puede haber tanta miel en un triunfo como en un fracaso.

Supongamos que sólo se considera como un triunfo la belleza, la riqueza, la salud, la felicidad matrimonial y los hijos. ¡Los fracasados seríamos la inmensa mayoría! Sin embargo, cuán distinto sería si considerásemos exitoso a quien conoció la felicidad y fue capaz de retenerla, o al menos recordarla con placer...

En resumen, los que verdaderamente tienen sentimientos de inferioridad son aquellos a quienes les agobia más lo que no saben (y no hacen) que aquello que saben (y pueden hacer). De este modo, la posibilidad del fracaso les veta toda posibilidad de iniciar una tarea, y por lo tanto tienen negada desde su interior la alternativa del triunfo.

En cierta manera no son sus carencias la causa de su inmovilidad, sino su dependencia del éxito. O mejor dicho: lo que ellos o su entorno han decidido que es el éxito.

Y así como nos asombra la felicidad de los vanidosos, engreídos, ufanos, petulantes y demás fanfarrones, cuya autoestima en apariencia está muy alta sin que sepamos exactamente por qué (ver más adelante el cuento de la pulga); del mismo modo tendríamos que comprender a los retraídos —recatados, púdicos o tímidos— cuya negativa e injustificada visión de sí mismos los lleva a privarse no digamos de la felicidad sino incluso del placer de buscarla.

Y esa búsqueda tendría que comenzar por olvidarse de la mirada ajena y trasponer los límites de lo seguro y conocido. Es cierto que nos arriesgaremos a cometer errores, pero ya sabemos que la perfección no existe y que el éxito es un aspecto del hacer, pero no su fin.

Leamos esta historia que nos muestra la relatividad del éxito.

El hombre que aprendió a levitar

Tras muchísimos años de estudio y meditación, aquel honorable anciano era muy querido en la comarca. Sus acertados juicios llegaban hasta donde no alcanzaban los jueces y no había una solo problema, por más intrincado que fuese, al que su inteligencia no encontrase solución.

Vivía en una casa modesta donde no había abundancia, pero donde tampoco faltaba un rincón para que descansaran los peregrinos o un plato de caldo para alimentar a los hambrientos. Ni un solo día de los últimos cuarenta años había dejado de pasar alguien por allí para pedirle un consejo o comentarle una duda.

Por eso le extrañó que, tras un par de días en los que se dedicó a leer tranquilamente un libro sagrado, había llegado al tercero sin que nadie lla-

mase a su puerta. Por fin, un grupo de chiquillos le contó, en medio de una gran agitación, que iban al pueblo para ver a un santón que levitaba. Al parecer, después de aquellas exhibiciones, aquel hombre se dedicaba a cambiar consejos por monedas.

Sin pensárselo mucho, el anciano cogió su bastón y se dirigió al sitio indicado donde, en efecto, una muchedumbre formaba un apretado y silencioso círculo en medio de la plaza. Al reconocerlo, la gente se apartó respetuosamente y le permitió llegar al centro. Allí estaba un hombre de larga barba oscura y con el turbante de los elegidos; tenía los ojos cerrados y parecía estar muy concentrado. Un rato más tarde, extendió sus brazos a los costados y, mientras arrugaba la frente por el esfuerzo, sus pies comenzaron a levantarse hasta dejarlo suspendido a un palmo del suelo.

La muchedumbre contuvo la respiración unos segundos, tras los cuales el hombre cayó de rodillas, aparentemente agotado por el esfuerzo. Una ovación premió su proeza y las monedas llovieron a su alrededor.

Pasados unos minutos, el del turbante se sentó en el suelo y esbozando una sonrisa preguntó si alguien quería hacerle alguna pregunta.

El sabio dio un paso hacia él y alargó una mano, como pidiéndole una limosna, al tiempo que profería unas palabras en un idioma extraño. El hombre no pareció comprender, así que el anciano repitió el gesto con otras palabras, y luego con otras y después con otras, siempre en unas lenguas que ninguno fue capaz de entender. Cuando llevaban un buen rato así, el santón que levitaba pareció perder la paciencia y, eligiendo la más pequeña de las monedas esparcidas a su alrededor, le dijo:

—Toma esta moneda que he ganado con mi esfuerzo, anciano. Nos estás haciendo perder el tiempo; esta gente ha esperado muchas horas para hacerme sus consultas. Coge esta moneda y vete.

El sabio tomó la moneda y habló, ahora sí, en la lengua de todos.

—Me ha impresionado mucho lo que has hecho. ¿Dónde lo has aprendido?

—Veo que con sólo una moneda he logrado que nos entendamos —dijo el del turbante con gesto de soberbia—. Pues bien, para aprender lo que has visto he caminado durante tres años, atravesé selvas y océanos hasta llegar a las cumbres más altas y más inhóspitas del universo. He meditado y estudiado durante veintidós años esta técnica junto al más insigne de los levitantes, algo que perfeccioné durante cinco años más aislado en una cueva donde sólo me alimenté de raíces y del agua que rezumaban las paredes. Mas ya ves, el éxito ha coronado mis esfuerzos y he llegado hasta donde nadie pudo: sólo con la fuerza de mi mente puedo separar mi cuerpo de la tierra.

El anciano asintió con la cabeza, carraspeó y dijo:

—Por lo que he podido comprobar sólo has aprendido eso y nada más que eso. No te he pedido esta moneda sino que te he repetido la misma pregunta en todos los idiomas sagrados y en todas las lenguas que se usan en los libros de derecho, poesía y medicina. No me has entendido en ninguna y por eso creías que te pedía una limosna. ¿Y para levantarte a un palmo del suelo has invertido tanto tiempo? ¡Vaya éxito más grande! ¿No sabes que eso ya lo hacen hasta las moscas y los mosquitos? No has leído un solo libro para aprender a comunicarte de verdad con tus semejantes. ¿Y aún pretendes dar consejos y que te paguen?

Dicho esto, le dio la moneda a un muchachón que estaba a su lado y le susurró unas palabras al oído. El otro sonrió, se agachó y el sabio se subió sobre sus hombros. Cuando se irguió otra vez, el viejo miró al santón desde la altura.

—Pues ya ves, has perdido media vida en algo que, si no eres una mosca, puede lograrse con la más pequeña de tus monedas. Como ves, yo también estoy lejos del suelo...

Pidió al muchacho que lo bajara y se fue por donde había venido.

EL VERBO PELIGROSO

La inmensa gama de sentimientos relacionados con la evaluación negativa de nosotros mismos (timidez, vergüenza, pudor...) suele ir acompañada del silencio. Evitamos las miradas para que no nos vean por dentro, pero también acallamos nuestra voz para que ese interior no se manifieste. El hecho de ser dueños de nuestros silencios nos evita cualquier engorro al que pueda llevarnos la expresión de nuestro yo. Hablamos, pero nuestras palabras son simples conexiones con el mundo y apenas expresan nuestros sentimientos más superficiales.

Cuando nos expresamos de verdad, cuando nuestras palabras dicen lo que sentimos, estamos ejerciendo nuestra libertad, algo que saben muy bien quienes a lo largo de la historia restringieron este derecho. El verbo es por lo tanto peligroso... Y por eso forma parte de las prohibiciones que se imponen nuestros viajeros con la autoestima baja.

Ellos prefieren la falta de compromiso, no tanto con los otros sino consigo mismos. De allí que el silencio sea a veces un aliado involuntario de la superficialidad. Incluso hay quienes hablan mucho y no dicen nada, pero esa clase de extravertidos no va en este vagón (aunque sí en el cuento de la célebre pulga...).

El silenciamiento de las opiniones (que no quiere decir que no las tengan) suele llevar a la intolerancia y al anquilosamiento de las ideas. La falta de expresión suele llevar a la acumulación de enfado y frustración.

Estos introvertidos verbales quizá no sepan que buena parte de sus angustias y rabietas (si es que las tienen) se disolverían con el simple acto de la palabra creadora. Al hablar se estarán creando a sí mismos, recomponiendo esa maltrecha autoimagen que tienen. En vez de comprometerse se estarán liberando, ya que de alguna manera estarán compartiendo con otros su «equipaje». Claro que a la vez se estarán exponiendo a la evaluación y el juicio, que al igual que las miradas a veces incomodan. Nada será tan perfecto como el abúlico silencio, pero desde su encierro habrán bajado un puente a la intensidad, a una vida mucho más rica y tolerante.

Aprendamos lo que puede la autoconfianza... de una pulga.

La pulga soberbia

Una pulga iba de aquí para allá en medio del bosque. Ya había crecido lo suficiente como para emanciparse de sus padres y la colonia en la que éstos habitaban (la madriguera de un zorro) le parecía un lugar un tanto oscuro, maloliente y especialmente poblado. Necesitaba crear una nueva familia y quizás otra colonia.

Los tigres le parecieron demasiado ruidosos y los patos muy expuestos a la humedad; las palomas estaban descartadas porque las alturas la mareaban, los rinocerontes pecaban de aburridos y las hienas de poco

higiénicas. Y de los monos ni hablar: tenían demasiada pericia para detectarlas y ella no estaba dispuesta a servirles de alimento.

En fin, que cuando estaba a punto de optar por una guarida en lo alto de una jirafa, de pronto divisó un magnífico elefante: ¡allí estaba la mejor casa posible! No demasiado alta, majestuosa, respetada por todos, sin movimientos bruscos, aunque de vez en cuando podía recibir un buen chapuzón, pero era lo de menos...

¿Pero cuál era el lugar más seguro? La oreja, sin duda, incluso podría tener alguna interesante charla con su dueño. Así es que escaló sin más aquel fantástico y noble ejemplar, esperó que diera un momento de descanso a sus tremendas orejas y de un salto se instaló en una cálida oquedad de su pabellón izquierdo.

Después de una larga y complicada ceremonia en la que avisó al elefante de su llegada, acondicionó la nueva casa, se buscó una esposa y por fin tuvo el gusto de fundar su propia familia. La misma creció hasta convertirse en una populosa colonia de la que se sentía orgullosa.

Mas como es característico de su especie, aquella pulga era inquieta y poco amiga del sedentarismo, de modo que se planteó buscar con su familia más próxima un sitio algo más acorde con su condición de veterana. La cola de un pavo real, por ejemplo, sería un sitio ideal.

Pero no podía irse así como así: antes tenía que agradecer al elefante su hospitalidad, que tan amablemente le solicitara tiempo atrás.

—¡Oiga, señor elefante! —gritó hacia el interior de la oreja.

El otro ni se inmutó.

—¡Eeeeh! ¡Estoy aquí! ¡Señor elefante! ¿Me escucha?

Silencio...

La pulga gritó y gritó con todas sus fuerzas, hasta que cuando estaba a punto de perder la voz oyó un vozarrón que decía:

—Hay una vocecilla que parece llamarme, pero no sé de dónde viene. ¿Quién es?

La pulga se metió un poco más entre el bosque de pelos del interior de la oreja y gritó:

—Soy la pulga que vive en su oreja desde hace un tiempo. He fundado una familia y ahora vamos a trasladarnos de casa. Del mismo modo que

se los ofrecí a mi llegada, quería presentarle mis respetos antes de partir. Le estoy muy agradecida por tantas y tantas atenciones. Ha sido un verdadero honor para mí haber compartido juntos esta experiencia. Asimismo, espero que también a usted le haya sido agradable. De modo pues que muchas gracias por todo, señor elefante.

El elefante resopló con fastidio a través de su trompa y contestó.

—Pues no tiene usted que agradecerme nada, señora pulga. No me había enterado ni de su llegada, así que poco puede apenarme su partida. Que tenga usted buena suerte.

Y mientras la pulga se marchaba un poco desairada, el elefante se alejó meneando la cabeza con un gesto que en su propio lenguaje quería decir «lo que hay que escuchar»...

LOS OTROS PAISAJES

Antes dijimos que el miedo al fracaso nos lleva a sobrevalorar lo que no sabemos (o no hacemos) y a menospreciar lo que sabemos (o hacemos).

Agreguemos ahora que, por la misma razón, parece que damos demasiada importancia a lo que hacemos y disminuimos el valor de lo que somos. Incluso hemos insistido en que la sociedad tiende a generalizarlo todo, de tal modo que con un par de acciones buenas o erróneas ya nos convierten en triunfadores o fracasados. Vivimos pendientes de los actos externos, de los gestos... del hacer. ¿Pero qué somos en realidad? Nos miramos a nosotros mismos como a través de una cerradura: nos vemos de forma parcial y en un determinado aspecto de nuestras actividades. Y creemos que así somos y así nos ven.

Por eso invitaríamos a estos pasajeros a que desde esta estación amplíen su perspectiva. No nos espiemos a nosotros mismos: abramos la puerta. Y en este nuevo paisaje tendremos que vernos de una manera más amplia, no como una imagen plana sino como un poliedro de muchísimas caras, una de las cuales —sólo una— será lo que hacemos, pero no todo.

De este modo podemos relativizar incluso los pequeños fracasos, ya que corresponderán a un ínfimo sector de nuestras vidas.

Vivimos realidades múltiples y cambiantes. ¿Por qué no aceptar que también lo somos? ¿Quién dijo que sea correcto aquello de: «Soy de una sola pieza», «Soy de una sola palabra», «Cuando digo no, es no?» ¿Quién dijo que no podemos rectificar? ¡Si dicen que es cosa de sabios!

Adaptarse a los cambios y a los desafíos no es igual a doblez o falsedad.

La rutina y la comodidad nos llevan a limitar nuestra realidad al marco del trabajo, los estudios o las relaciones que ya frecuentamos. Pero hay otras realidades y otros mundos, personas y lugares que también son poliédricas y variables.

Ampliar nuestro campo de interés nos hará ver no sólo la riqueza del mundo sino la posibilidad de experimentarlo. De este modo, los fracasos o el éxito no nos conducirán al inmovilismo sino a la búsqueda de nuevos desafíos.

El éxito tendría que evaluarse como gestor de felicidad, algo que a veces posponemos en la búsqueda de falsas metas que esa «mirada» ajena nos impulsa a perseguir.

Cuarta estación: *Avergonzados y culpables*

EQUIPAJE DE MANO

Hagamos un repaso. En la estación anterior hemos hablado de los estados de ánimo provocados por la visión negativa que ciertos pasajeros tenían de sí mismos. Vimos que son muchos, y que su peso en la conducta es variable, al igual que su duración en el tiempo. Así, un momento de bochorno pueden ser de corto efecto si lo comparamos con el exceso de timidez o la falta de autoconfianza.

Por otra parte, el miedo al fracaso puede ser paralizante o intolerable para unos, en tanto que otros encuentran que un fallo puede ser una puerta a nuevos desafíos. Y siempre nos queda la duda sobre si esas evaluaciones se originan en la sociedad o en el individuo, aunque sospechamos que están provocados por una mala combinación entre ambos.

En un intento de aclarar el panorama, elegimos un factor capital en los estados de ánimo: el peso del pasado. En el caso de los tímidos y faltos de autoestima parecía menos «pesado» que en los aquejados de vergüenza o culpa, aunque luego vimos que la historia personal de cada uno siempre está en la base de cualquier actitud, en la que además influyen los usos sociales del momento. Como ejemplo claro de esto, pensemos sólo en las cosas que daban reparos a nuestros padres y abuelos. Cuánto ha cambiado, ¿verdad?

De todas maneras, parece que en el deseo de ocultar la intimidad no suele existir un motivo tan real como uno siempre cree. En realidad, la vergüenza surge cuando hay una suerte de desfase, de falta de adecuación, entre lo que uno realmente es, la imagen que tiene de sí mismo y lo que cree (o le dice la gente) que debe ser.

Distinto, por tanto, es el caso de aquellos pasajeros en cuya historia personal había hechos concretos que influían con más fuerza en el momento actual, tanto que su concepto de sí mismos era mucho más negativo y doloroso que un simple bochorno por una metedura de pata.

Y por más que quieran evitarlo, ese «equipaje» de dolor los persigue siempre, habiéndose convertido en una parte insoslayable de sus vidas.

De modo que la vergüenza o la culpa están en esas mochilas y maletas que nuestros atribulados pasajeros miran de reojo, y que nunca les dejarán disfrutar del viaje con plenitud. Al menos hasta la estación de destino.

Con el debido respeto, vamos a darle un vistazo a ese equipaje. Y lo haremos no como implacables revisores sino como simples y aburridos aduaneros, esos que se conforman con una rápida ojeada al contenido: ya se sabe que los verdaderamente malos, los perversos, los malignos y demás especies condenables jamás subirían a este tren.

UN JUEZ ESCURRIDIZO

En principio, parece que no es lo mismo un pasajero vergonzoso que uno con vergüenza. En el primer caso estaríamos ante uno que en realidad iría mejor en el vagón anterior: la imagen que ya tiene de sí mismo le imposibilita hacer algo que supone de antemano que le saldrá mal.

En cambio, tener vergüenza indica que este pasajero tiene una experiencia previa, probablemente pública, que le produce reparos o resistencias ante la posibilidad de repetirla. En otras palabras: ha hecho algo que le da vergüenza. ¿Pero ante quién?

Antes de responder miremos al otro pasajero, al culpable. Parece menos agobiado que éste, pero no nos engañemos; el objeto de su culpa está aún más presente, sólo que por fuera no lo demuestra: lo siente por dentro. ¿Pero quién los acusa?

De modo general digamos que en la vergüenza importa mucho la mirada ajena; en cambio la culpabilidad se experimenta como una mirada interna. En un caso se siente juzgado por los demás; en el otro por sí mismo. De manera que en ambos casos hay siempre un juez; un poco escurridizo y cambiante, pero como en todo juicio está actuando por una causa pendiente.

Cuando alguien siente vergüenza existe un referente anterior: un hecho ha sido vivido de una manera dolorosa o agobiante porque ha afectado un conjunto de valoraciones que se engloban bajo el término de «dignidad». El sujeto siente herida su dignidad, especialmente en relación con su valoración pública.

O sea que para que exista vergüenza necesitamos al menos de un testigo de esa acción. Sea porque la hizo por sí mismo o la sufrió por intermedio de otros, esa acción es causa de bochorno, deshonra, humillación o cualquiera de los infinitos deméritos con los que la sociedad castiga, obviamente de forma «social», valga la redundancia.

Esa sensación es vivida por muchos como una forma de exclusión o de alejamiento social, es decir que afecta su prestigio, su consideración pública y en algunos casos su honor. Pero nunca su libertad.

Por lo tanto, además de un testigo necesitamos de una norma a la que transgredir. Y allí es cuando acusados, jueces y testigos se enzarzan en una batalla de nunca acabar, ya que los «actos vergonzantes» dependen de las culturas, las comunidades, los estratos o cualquier ámbito humano en el que exista una normativa social. Sólo el ejemplo de la desnudez o la mentira nos brindan argumentos de sobra para extendernos sobre las reacciones de vergüenza que puede provocar, según cada caso, el descubrimiento de lo que debe permanecer oculto (el cuerpo) o la ocultación de lo que debía mostrarse (la verdad).

De todos modos, el elemento aglutinante de muchas variantes de la vergüenza es su índole social. Y puesto que venimos diciendo que vivimos bajo la tiranía de lo visual, podemos decir también que nuestros pasajeros aquejados de vergüenza sufren más que nada por su aspecto y su actuación pública. El «ser» y el «parecer» otra vez a la greña... de modo que no insistiremos en lo que ya se dijo en la estación anterior.

Sólo agregaremos que la literatura y el cine (especialmente el policial) están repletos de asesinatos cuyo único móvil fue la desaparición del único testigo de una deshonra. Y el arte siempre imita a la vida, ¿verdad? Aunque para algunos, como el protagonista del siguiente cuento, ellos mismos son a la vez el acusador y el juez.

El que escapó de su sombra

Es posible que en algún tiempo y en algún lugar no existieran los espejos, pero las personas siempre han tenido sombra. Desaparece cuando quiere y vuelve cuando menos la esperamos; podríamos decir que no nos pierde pisada. Pues bien: hubo un hombre que llegó a odiar sus propias pisadas y se avergonzó de su sombra.

No quería dejar huellas ni le gustaba el sonido de su andar. Trataba de hacerlo en silencio y sólo por ciertos caminos, pero siempre oía sus pasos y al girarse hacia atrás siempre descubría una huella, por más insignificante que fuese.

Y en cuanto a su sombra, decididamente no le gustaba para nada: deformada, alargada, aplastada... fea y servil, siempre delante o detrás, a su lado o debajo, tan fiel como implacable en señalar sus propias deformidades. «¡Ya sé lo que soy, pero déjame en paz!», le decía con rabia. Y lo peor era saber que el resto de la gente también lo sabía, que oían con disgusto sus pisadas y miraban con reproche sus huellas y su sombra.

Así es que decidió escaparse de ambas y echó a correr. Lo hizo durante horas, y el viento borró el eco de sus pisadas, pero cuando aminoró la marcha reaparecieron y, cuando por fin se detuvo, la sombra seguía allí. Quizá no lo había hecho bien, de modo que descansó un poco y empezó a correr otra vez, rápido, muy rápido, hasta caer desfallecido bajo un inmenso árbol, a las puertas de una ciudad desconocida.

¡La sombra había desaparecido! Quieto, inmóvil, con la cabeza apoyada en el tronco protector, no oyó sus pisadas ni lo persiguió más su sombra. Al fin se había librado de su maldita presencia.

Pasaron las horas. Alguien le dio un poco de agua, un transeúnte le dejó unas monedas y otro una fruta. Quizá podría quedarse para siempre allí, su tranquilidad era inmensa: ni huellas ni sombra. Pero cuando pasaron un par de días notó que la gente lo miraba, al principio con disimulo pero después con insistencia. «¿Quién es? ¿Qué hace allí sin moverse? Parece sano, no me da pena», oyó que murmuraban los viandantes.

¿Así que aquí lo raro era estar inmóvil y sin sombra?, se preguntó. En efecto: comenzó a mirar a la gente y todo el mundo iba de aquí para allá,

indiferente a las pisadas y las sombras. ¿Y si probara ser como todos? Se levantó despacio. Caminó con cuidado hacia la luz. Tres pasos más allá su sombra había vuelto pero nadie lo miraba. Sin volver la vista hacia atrás, entró en la ciudad y se mezcló con la muchedumbre.

A pesar de este caso atípico, la vergüenza actúa aparentemente desde fuera, del mismo modo que castiga con la puesta en evidencia, la exhibición, la ridiculización, la humillación o el estigma. En síntesis, con la mirada sancionadora.

Cuanto más estrictos, cerrados y estratificados sean los usos sociales «normales», más expuesto se estará a cometer errores. La posibilidad de una «metedura de pata» en cierta manera da cohesión y caracteriza a ciertos grupos y sociedades, que establecen normas de protocolo y etiqueta tan exclusivistas que cualquier error implica la inmediata exclusión del trasgresor. De allí que muchísimas historias reflejen los castigos que se abaten sobre aquellos que se equivocan en el protocolo, incluso por mirar a un monarca o un dios (o quien se cree serlo).

Pero a veces no hace falta que ocurra un hecho evidente para desencadenar la vergüenza. En realidad, la propia sociedad se encarga de condicionar nuestro pudor desde pequeños, de modo que al llegar a la adultez ya tenemos un magnífico marco para ser unos expertos en el arte de evitar la vergüenza. Con tan prolija preparación no es extraño que, ante los fallos, nos derrumbemos en el autodesprecio y deseemos con fervor que «la tierra nos trague».

Es más, se da la curiosa circunstancia de que exista la vergüenza de tener vergüenza. En efecto, ciertas personas prefieren ocultar la incomodidad o el bochorno que un hecho puede causarles, optando por comportamientos hipócritas que van desde «hacer el payaso» para agradar, a soportar cualquier humillación con tal de mantenerse dentro del grupo social, con lo cual a veces derivan su carga a los que sienten «vergüenza ajena».

EXCESO DE EQUIPAJE

Como dijimos, estos pasajeros no pueden apartar la vista de su «equipaje»; aunque también dejamos claro que casi nunca esa carga se ve a simple vista. Si algunas partes del equipaje del vergonzoso pueden llegar a verse (pensemos por ejemplo en el que se avergüenza de su aspecto), en el caso del culpable esto resulta imposible: la verdadera culpa, acaso la más dolorosa, es la de nuestra propia mirada crítica. La culpa de la que hablamos se siente desde dentro. De allí que solemos decir: «Tengo vergüenza de...» o que esto o aquello «nos da vergüenza», pero en cambio decimos «me siento culpable»...

Es por tanto un sentimiento alentado por una mirada o una voz interior (la famosa voz de la conciencia) que nos recuerda ante nosotros mismos algo que hicimos y que evidentemente está atacando —sería mejor decir que nos está remordiendo— nuestra propia valoración.

Lógicamente, no hay culpa si no la sentimos así, si no tenemos en la mente esos dos elementos a la vez: el hecho causante y el juez.

La diferencia es que el pasajero con vergüenza teme a los jueces de fuera; el culpable los lleva consigo... de allí el título de este apartado, ya que no hay báscula suficiente para «pesar» una culpa.

Por lo tanto dejemos claro que estamos hablando de un sentimiento y no de una valoración externa. No hablaremos de delitos, ni tan siquiera de daños que la sociedad juzga a través de sus propios veredictos de inocencia o culpabilidad. Hacemos referencia a lo que ocurre en uno mismo cuando experimenta la culpa, la necesidad de reparar un daño... o sea que nos referimos a la responsabilidad interna. Hablamos del «remordimiento».

Esta clase de culpa no sólo se vive como una carga, como un «pesar», sino también como una especie de traición a nosotros mismos, ante cualquiera que sea la imagen que creemos tener.

En efecto, gracias al lugar, la familia y el entorno, nos hemos forjado una imagen interna no sólo de cómo somos y de cómo queremos que nos vean, sino también de cómo queremos vernos ante nuestro espejo interior. La culpa es un ataque a esa imagen interna, a la que cada uno tiene, por lo que la solución (la reparación) tendrá que venir por la misma vía, es decir por el camino de la conciencia... y quizá del perdón que nos otorguemos.

Un licor muy añejo

Aquel noble funcionario fue ascendido al cargo de administrador real, por lo que se dispuso su traslado a un nuevo destino. Como su actuación has-

ta entonces había sido honesta y eficaz, su superior le preguntó si tenía preferencia por algún pueblo en particular.

Halagado por el ofrecimiento, que no solía hacerse a todos, manifestó que nada le sería tan agradable como volver a la comarca de su infancia, donde aún conservaba la mansión familiar. Había vivido allí hasta que su padre, también funcionario, fue trasladado a la capital por motivos de los que no recordaba gran cosa.

Ya instalado, y una vez que hubo puesto en marcha los asuntos relativos a su cargo, se le ocurrió preparar una fiesta de recepción para sus antiguos camaradas y amigos. Rehabilitó la sala más grande de la casa, remozó sus pinturas y colgó cortinajes nuevos, de modo que cuando fueron llegando sus invitados nadie hubiera dicho que aquella casa había estado abandonada durante tantos años.

Entre los invitados estaba el hijo del boticario, quien desde el mismo momento en que recibió la invitación sospechó que aquello tenía un propósito oculto y peligroso. No se lo comentó a su mujer, pero cuando le insinuó que no iría a la fiesta, ella le dijo que haría muy mal en desairar de ese modo a un administrador real, y que de ningún modo lo consentiría.

—Además en este sitio nos morimos de aburrimiento. ¿De qué nos sirve tener tantas joyas y ropajes si jamás las podemos lucir?

Así fue cómo el boticario y su mujer asistieron al suntuoso ágape, donde no faltaron las bromas y los brindis por el regreso del administrador al pueblo de su infancia. Mas el pobre hombre sentía que las piernas le temblaban y la camisa empapada se le pegaba al cuerpo por debajo de la chaqueta de seda. «Es imposible que lo haya olvidado», se decía, «todo esto no es más que una venganza que está a punto de consumar». Saludó con la sonrisa helada a su antiguo amigo y trató de compartir las charlas con los otros invitados, pero en su cabeza no cesaban de dar vueltas aquellas escenas tan lejanas.

Consumido en esos pensamientos, tomó una de las copas doradas que uno de los sirvientes estaba distribuyendo entre los invitados para el brindis oficial. Obviamente estuvo a cargo del jefe militar, quien alabó al nuevo administrador por la deferencia hacia sus paisanos y le deseó una feliz estancia en nombre de todos.

Fue entonces cuando, horrorizado, el boticario entrevió al fondo de la copa la siniestra silueta de una pequeña serpiente. ¡Aquel licor estaba envenenado! «¡Salud!», decían todos y la llevaban a sus labios. ¿Estarían todas así? Titubeó con la copa en alto. ¿El administrador lo estaba mirando o era sólo una impresión? «¡Salud a ti también!», pareció que le decía de lejos. El boticario cerró los ojos y bebió. La copa quedó vacía.

A partir de ese momento transcurrió el resto de la fiesta como en sueños, contestó como pudo algunos comentarios y tuvo que hacer un esfuerzo sobrehumano para estrechar la mano del anfitrión cuando los despidió en la puerta.

Mas cuando llegó a su casa se derrumbó en la cama preso de un sudor frío y un creciente dolor en el estómago. Su mujer corrió a hacerle una tisana, pero a poco de beberla tuvo que vomitar. Sin duda el veneno estaba haciendo su efecto porque comenzaban a entumecérsele las manos y sentía la cabeza caliente.

—En efecto, tienes un poco de temperatura —le dijo ella—, pero no ha de ser nada. Te habrá sentado mal la cena.

El boticario calló lo del veneno, pero no podía seguir mucho tiempo así. Quizá tendría que confesarse antes de morir. A su mente afiebrada volvían una y otra vez aquellas imágenes que lo persiguieron toda la vida y que ahora reaparecían con espantosa nitidez. Muchos años atrás, por razones que nunca conoció, su propio padre se había enemistado con el padre del nuevo administrador, razón por la cual estuvo entre los conjurados que auspiciaron su alejamiento del pueblo.

Pero si los mayores se habían encargado de levantar una acusación sin duda falsa, los niños también se habían comportado con absoluta crueldad con el hijo de aquel hombre honesto. Se habían burlado sin lástima de él y, haciendo caso a lo poco que lograron saber, lo sometieron a tantas pullas y humillaciones que el chico dejó de salir a la calle y poco tiempo después la familia entera se trasladó a la capital.

Y ahora había vuelto, sin duda para vengarse. Quién sabe cuántos como él se estarían debatiendo ahora entre la vida y la muerte, pagando una culpa de la que sólo en parte eran responsables. Pero ya era tarde... la fiebre subía y en sus arterias ya circulaba aquel caldo envenenado. Estuvo delirando durante horas; su remordimiento se hizo tan intenso como el dolor de sus entrañas, así que después de contarle sus sospechas a su mujer le pidió que corriera a la casa del administrador a rogarle que viniera. Quería pedirle disculpas antes de morir en paz.

Su esposa así lo hizo y con las primeras luces del alba el funcionario se presentó en su casa con el semblante preocupado. El aspecto del boticario era realmente malo: estaba lívido y demacrado, había vomitado toda la noche y sus ojos enrojecidos ardían por la fiebre y la ansiedad.

—¿Qué es lo que te sucede, viejo amigo? —le dijo el administrador, tomándole cariñosamente de la mano.

En pocos minutos y con voz entrecortada por el pánico, el boticario revivió en voz alta todas las escenas que en aquellos años no logró olvidar. «Tú eras muy pequeño para recordarlo», repitió varias veces, ya que el otro negaba una y otra vez no sólo que supiera lo de aquella intriga sino, especialmente, lo de esa supuesta serpiente que colocó en la copa.

—Has de tranquilizarte —le pidió—, haré llamar a un médico para que te revise. Pero nada de venganzas ni venenos. En todo caso debo deciros a todos que el traslado de mi familia a la capital fue lo mejor que me pudo pasar en la vida. No sería un funcionario real si no hubiese estado allí para estudiar y ganarme la confianza de mis superiores. De modo que aleja ya de tu imaginación semejantes bobadas. Todos fuimos crueles de niños, pero la vida nos obliga a crecer, a superarnos y olvidar.

El administrador se retiró a su casa, pero no podía dejar de pensar qué podría ser aquello que tanto espantó al farmacéutico. Llamó entonces a sus sirvientes y, tras indagar un poco, pudo situarse más o menos en el sitio en el que uno de ellos recordaba haberle alcanzado la copa para el brindis. El hombre tomó entonces una y, llenándola del mismo licor, la puso delante de sus ojos. La movió un poco y, en efecto, al reflejarse en el fondo, un detalle de las recién restauradas pinturas del techo tomaba el aspecto aproximado... de una pequeña serpiente.

Regresó deprisa a la casa del boticario y le contó lo que acababa de comprobar.

—Es inútil que te sigas torturando con aquello —concluyó—. Lo que viste en la copa no era más que un reflejo que la culpa de todos estos

años se encargó de agrandar. Trata de curarte, amigo mío, el rencor no anida en mi corazón. La fiebre y los dolores eran sólo un producto de tu mente.

Y en efecto, calmados sus temores y libre de una culpa inútil, el boticario se restableció en unos pocos días.

Su mujer comentó entre las vecinas que había sufrido una indigestión.

Así pues, el carácter interno de la culpa amplía su efecto a límites casi infinitos: puede remontarse hacia atrás en el tiempo, abarcar hechos o sentimientos cercanos o lejanos, acciones y también omisiones. Alguien puede sentirse culpable de gestos mínimos, de miradas, de lo que pensó y hasta de lo que llegó a percibir como una mera intuición. Y al mismo tiempo, puede mantenerse latente, ser olvidada y renacer en el momento menos esperado; puede molestar, doler y hasta provocar la enfermedad o el autocastigo físico. Puede inducirnos un leve desasosiego o llegar a tales tormentos que preferimos el suicidio o la muerte.

En síntesis, la culpa de la que hablamos podría resumirse en un «podría haberlo hecho mejor y no lo hice...»

Pero siempre es visible desde dentro. Unas veces ingobernable como una insidiosa enfermedad, otras como una pasajera molestia, la culpa de estos pasajeros —en todas sus variantes— puede aparecer por un momento y desaparecer... o amargarles el viaje entero.

QUITANDO LASTRES

No resulta fácil aligerar un equipaje que no se ve ni tampoco se puede pesar. «Allá cada quién con su conciencia», suele decirse, comparándola unas veces con una piedra en el zapato, y otras con una cruz que se sobrelleva.

De un modo (necesariamente) simple y general, podríamos decir que, en la medida de lo posible, cada uno debería replantear sus culpas e intentar que resulten menos gravosas en el presente.

Obviamente nos estamos refiriendo sólo a las culpas que derivan de la historia personal de cada viajero, aquellas que efectivamente podemos situarlas en un momento, en un hecho o situaciones puntuales del pasado. En resumen, aquello que todavía no hemos podido perdonarnos a nosotros mismos: eso que nos provoca remordimientos.

Pero el hecho de «remorderse» sugiere que algo sigue en actividad, algo como un veneno que no acaba ni de destilar ni de digerirse. Y ante esa especie de eterno juez que tenemos dentro, lo único que nos queda es solicitarle el perdón o, al menos, su indulgencia.

Es posible que muchos puedan llegar hasta el origen de una culpa y de algún modo buscar su expiación. Pienso, por ejemplo, en alguien que ofendió a otro y busca el modo de pedirle disculpas y a la vez «aligerar» su conciencia. Pero posiblemente sean los menos, ya que como vimos, el origen suele estar en un pasado del que sólo sigue vivo ese mal recuerdo.

El lobo feroz

Como cada fin de semana, la madre preparó una cesta con provisiones para la abuela y llamó a la niña para que se la llevase. Le ajustó la capita roja al cuello y le dio la misma recomendación de siempre:

—No vayas por el bosque, ya sabes que hay un lobo malísimo que ya se ha comido a varios niños. Aunque sea más largo, ve por el camino del valle. No te detengas ni pierdas el tiempo. Deja las provisiones a tu abuela y regresa antes de la noche.

La niña hizo un mohín de fastidio, rumió algo así como «¡siempre lo mismo!» y partió.

Pero esta vez no hizo lo de siempre: perdió el tiempo hablando con una amiga, estuvo tirando piedras a una charca y revolvió las mercancías de un vendedor ambulante sin comprarle nada. Cuando se dio cuenta no le quedaba mucho tiempo para volver antes de la noche, así que decidió acortar camino por el bosque.

En realidad había estado allí cientos de veces, pero era la primera vez que lo hacía sola. Apuró el paso y trató de tranquilizarse, pensando que probablemente aquel lobo fuese una de las tantas mentiras que inventaban los mayores para evitar que los chicos hicieran lo que realmente les gustaba.

Pero tras un buen rato de marcha oyó entre la espesura un aullido que le puso los pelos de punta. Se detuvo unos segundos y miró alrededor. Le pareció ver que una sombra gris se deslizaba muy cerca, pero ya era tarde para volver atrás. Siguió andando y, esta vez a sus espaldas, oyó un gruñido de esos que hielan la sangre. Echó a correr mientras aquella sombra (ahora perfectamente nítida) parecía correr a ambos lados del camino. ¡Probablemente había más de un lobo!, pensó completamente horrorizada.

Cuando por fin se detuvo, agotada por el esfuerzo, un inmenso lobo gris salió de entre los árboles y se colocó delante de ella, gruñendo de forma pavorosa y enseñando los colmillos.

—¿Vas a comerme? —preguntó la niña, mientras temblaba de miedo.

—Por supuesto —dijo el lobo.

La niña bajó la cabeza y pensó en su madre.

—Soy muy poca cosa para un animal tan grande. Mira qué delgaditos son mis brazos —murmuró mientras se levantaba la manga.

—Es cierto —gruñó el animal—. No vales mucho. ¿Qué llevas ahí?

—Oh, cosas de comer para mi abuelita. No puede andar y tenemos que llevarle la comida. Si me prometes no comerme te dejaré algo.

El lobo gruñó otra vez con fastidio.

—Niña boba. Puedo comerte a ti y de postre lo de esa cesta.

—Es cierto, pero si me matas no tardarán en encontrarte y te matarán a ti. Eso tenlo por seguro. Mi padre es buen cazador. Ya no podrás vivir en paz. ¿Cuántas personas te has comido? ¿Acaso te gusta que todo el mundo te odie y te tenga miedo?

El zorro se echó sobre las patas y bostezó.

—La verdad es que me he zampado unos cuantos, pero sólo lo hice para alimentar a mis lobitos, que se han hecho grandes y partieron. Ahora tengo que seguir matando para mantener el miedo.

—Sólo por lo que has hecho, ya estás condenado para siempre. Cualquiera que pueda te matará, y a medida que envejezcas serás como mi abuela. Sólo que nadie va a traerte la comida. Tendrías que buscarte otro medio de vida o serás siempre un fugitivo.

El lobo estuvo un rato pensando y por fin dijo con un suspiro:

—Bien, te dejaré partir si me dejas un par de esos pastelillos que llevas. ¿Pero qué he de hacer para que no me odien?

—Dejar de hacer maldades —dijo la niña con resolución, mientras sacaba un par de pasteles y los dejaba a un lado—. Si sigues en las mismas no vivirás demasiado. Demuestra que no eres un cruel carnicero y podrás vivir en paz hasta que mueras de viejo.

—Así lo haré —dijo el lobo, haciéndose a un lado.

Pasó el tiempo y, como en el pueblo corrió la voz de que aquel lobo feroz había desaparecido, la gente se atrevió a circular con normalidad por el bosque. Pero como también merodearon por allí vagabundos y ociosos, pronto descubrieron que había un lobo inmenso y terriblemente manso que cuando veía alguien trataba de esconderse en su madriguera o se ocultaba entre las matas. Y así fue como, al principio en son de broma y después por simple maldad, la gente comenzó a divertirse buscando al lobo para tirarle piedras y hacerle todo tipo de barbaridades.

Pero como aquel animal recordaba siempre los consejos de la niña, soportaba estoicamente aquel castigo mientras pensaba que se lo tenía merecido y que algún día estaría saldada su deuda y lo dejarían en paz.

Una vez pasó por allí la misma niña y lo encontró tan malherido que tuvo que arrastrarlo a la cueva para curarlo.

—¿Pero cómo has dejado que te hagan todo esto? —le preguntó.

—¿No me habías dicho que dejara de matar para saldar mi deuda? —se quejó amargamente el animal.

—Mira que eres tonto —dijo ella—. Tener sentimiento de culpa no es lo mismo que tener vergüenza. La gente es la gente, y tú siempre serás un lobo, no lo olvides. Te dije que dejaras de matar, pero no que dejaras de gruñir.

En vista de este ejemplo, podríamos aconsejar a nuestros dolidos pasajeros que revisen las culpas en su contexto, en el momento o la época en la que se gestaron. Posiblemente descubrirán que a menudo las culpas comienzan por un hecho banal, y sólo a costa de mucha insistencia han acabado por creérselas de verdad.

Como en la de todos, la infancia de estos pasajeros estuvo regida por un marco de valores (familiares, sociales, religiosos...) que establecen lo que es digno y lo que no lo es. Y naturalmente alguna vez hemos trasgredido esas normas y nos han castigado... o sea que de algún modo eso «ya está pagado». En cambio hemos aprendido también a transgredir a escondidas, en secreto, con el fin de evitar un castigo... que a la larga se ha convertido en culpa. ¿Pero acaso aquellas normas eran tan reales, tan importantes?

Posiblemente lo fueran... en aquel entonces, de modo que es inútil seguir cargando con ellas. Debemos recordar que de los muchos valores que heredamos, una parte de ellos ya no está vigente. Y por lo tanto no puede «acosarnos» como en el pasado.

La carga

Sabido es que a muchos religiosos de todas las épocas, lo primero que se les prohibía era mantener contacto con el sexo opuesto.

Dos monjes caminaban en peregrinación a un santuario, cuando al pasar junto a un río vieron que una mujer era arrastrada por las aguas y estaba al borde de la muerte. Sin pensárselo mucho, uno de ellos se arrojó a rescatarla, y tras mucho esfuerzo pudo tomarla en sus brazos y traerla hasta la orilla.

La mujer lo colmó de bendiciones y los religiosos siguieron tranquilamente su camino.

Algo más de una hora después, uno le dijo al otro:

—¿Cómo has podido transgredir así nuestras normas? ¿No sabes que no puedes tocar a una mujer?

El otro lo miró con sorpresa.

—No has comprendido muy bien el sentido de tocar. Yo sólo la salvé de la muerte. En cambio, parece que eres tú quien aún la lleva encima.

A menudo, ese sentimiento de culpabilidad es una excusa más del miedo al cambio. Si hemos hecho algo mal en el pasado, ello no nos inhabilita para volver a intentarlo en el presente. El pasado no debe ser una especie de grillete que nos inmoviliza para ocuparnos del futuro. En estos casos, la culpa es inútil, un trasto del pasado que no tiene enmienda, como no sea el perdón que debemos comenzar por otorgarnos a nosotros mismos. Claro que nuestra denostada actualidad es también una activa generadora de culpas, con lo que volvemos al repetido tema de las prisas, de la conquista urgente del éxito a toda costa... y de la consiguiente ostentación.

Muchas de las «culpas» actuales no son más que un resultado de compararnos una y otra vez con una imagen que llevamos dentro como un modelo a conseguir, pero al que no siempre se llega. Querríamos parecernos a esa imagen, y al no lograrla parece que se burla de nosotros y nos acusa de no haberlo conseguido.

Por ello es tan importante fijarse metas que nos ilusionen, como conocer el alcance de nuestras fuerzas. La ilusión también puede ser realista, ya que si nos fijamos metas inalcanzables posiblemente caeremos con más facilidad en el remordimiento de no haberlas alcanzado.

Creemos que a estas alturas podríamos acercarnos a estos pasajeros y sugerirles algo provechoso: lanzar por la borda (o por la ventanilla) ese absurdo equipaje. Si es pesado, inútil e inmovilizante... ¿por qué lo siguen conservando? ¿Y si aprovecharan esta estación para «olvidarlo»?

Posiblemente, el solo hecho de haber llevado una culpa a cuestas ya signifique un aprendizaje suficiente, y ahora ha llegado el momento de actuar de otra manera.

Sabemos lo que estuvo mal hecho, pero no pensamos seguir con la tortura de oir esa estúpida vocecilla machacándonos todo el tiempo con su repetido sonsonete.

La culpa es un objeto perfectamente manipulable, y eso lo sabían tanto quienes la pusieron en nuestras mentes en el pasado como los que intentan hacerlo en el presente. Librarse de este equipaje significa afrontar la vida con responsabilidad y madurez, puesto que, como vimos, muchas veces la culpa es simplemente un refugio para el no hacer, o para derivar toda esa responsabilidad en los causantes de nuestra culpa.

Preguntemos ahora a nuestro viajero: ¿necesitas tanto de ese equipaje?

Si en realidad quiere seguir viajando, posiblemente nos dirá que no.

Insistamos: ¿necesitas que alguien te diga si puedes seguir viajando?

Posiblemente nos repetirá que no.

¡Pues tira ese equipaje y comienza tu propia aventura!

Quinta estación: *Famosos y cortesanos*

LUCES, REFLEJOS Y SOMBRAS

En este vagón reina la inquietud. Mucho antes de llegar a la próxima estación algunos pasajeros han comenzado a moverse de aquí para allá, a peinarse y retocarse el maquillaje, e incluso más de uno se ha cambiado de ropa. Los espejos son consultados una y otra vez, las maletas se abren y cierran tras el rastro de una joya o un accesorio, mientras las voces y las risas suben de tono delatando una irrefrenable ansiedad.

Oímos comentarios sueltos que hablan de fotógrafos, periodistas y curiosos, y existe una evidente preocupación por la imagen que darán al llegar a destino. No tardamos en comprender que tanto nerviosismo se debe no sólo al éxito y la fama que acompaña a estos viajeros; parece que además pueden perderla con mucha facilidad, casi por un simple vestido mal combinado.

Pero no están solos: algunos les ayudan a elegir esta corbata o esa estola, mientras otros les animan con gestos y palabras que corroboran su belleza y su elegancia. Otros pasajeros simplemente miran aquel barullo con una mezcla de curiosidad y arrobo; otros lo hacen con ironía, y unos cuantos con evidente desagrado.

Pero ya está aquí la estación y, efectivamente, una excitada multitud recibe a nuestros espléndidos pasajeros entre chillidos, flashes y empujones. Las luces convergen sobre las puertas e iluminan fugazmente a sus compañeros de viaje que, apiñados en las ventanillas, contemplan un mundo de seductores brillos al que por ahora no pueden acceder. Halagados —y también asustados— los otros pisan la alfombra roja y comienzan a alejarse de un tren al que, aparentemente, no volverán a subir. Unos y otros no se parecen, pero han compartido el viaje. A unos les va bien y por eso se han bajado; otros seguirán viajando porque no era ése su destino. Unos cuantos querrían que lo fuese, pero no tienen más remedio que mirar desde las ventanillas. Se han separado pero ambos se necesitan. Casi podríamos decir que cada uno existe precisamente gracias al otro.

Ya habréis adivinado que en esta estación hablaremos de las luces de la fama y las sombras de la envidia. De los que viven para ser mirados y de los que sufren porque no pueden dejar de mirar.

El supremo lujo

Era sabio porque había acumulado todo tipo de conocimientos, pero además era riquísimo porque había sabido administrar sus bienes.

Cierta vez lo visitó un poderoso comerciante, quien tras conocer su mansión y disfrutar de una suntuosa cena, repartió a los cuatro vientos el exagerado lujo con el que vivía el sabio.

Las habladurías no tardaron en llegar a sus propios oídos.

—Se comenta que vuestra magnífica vida no concuerda con vuestra erudición —le dijo el fiel sirviente—. Incluso se conoce cada uno de los detalles de vuestra casa.

El hombre sonrió, miró en derredor y contestó:

—No pienso constantemente en cada uno de los detalles que me rodean, pero ahora sé que ya tengo el objeto de lujo más preciado.

—¿Cuál es? —preguntó el otro, mirando también a su alrededor.

—Ser envidiado —respondió el sabio.

DEL LADO DE LA LUZ

Como es obvio, el tema del éxito está conectado con el del fracaso, por lo que quizá nuestros lectores deseen recordar lo ya visto en las estaciones anteriores.

Hemos intentado explicar cómo el miedo al fracaso inmoviliza muchas iniciativas, puesto que el listón del éxito parece estar muy por encima de nuestras posibilidades, tanto que renunciamos al esfuerzo por conseguirlo. También dijimos que, de algún modo, se trata de pasajeros que no quieren bajar del tren y, casualidades de la vida, acabamos de verlos otra vez mirando por las ventanillas.

No insistiremos en ello, ya que hablaremos aquí, en primer lugar, de los que sí lo han hecho: de los «aquejados» por el éxito y la fama. Y ajustándonos un poco más, y sólo para que nuestra parada sea útil, podríamos dar un breve vistazo a su interior, puesto que para verlos desde fuera sólo nos hace falta abrir cualquier revista del corazón.

Tampoco nos interesa aquí un retrato de los que, además de triunfadores, son verdaderamente felices con lo que hacen.

Para otros, en cambio, el éxito es la coronación de una enloquecida carrera hacia la posesión, la acumulación... algo que a la postre no les satisface sino más bien les resulta abrumador, de allí que hablamos de los «aquejados» por el triunfo.

¿Pero acaso nos interesa conocerlos de verdad?

Creemos que no, pero estaremos de acuerdo en que nos topamos tan a menudo con ellos que no estaría mal saber un poco más sobre el éxito o la fama, simplemente para que su necesidad o su búsqueda inútil no nos sigan amargando el viaje... como le ocurre a los envidiosos.

Posiblemente, los triunfadores sepan mejor que nadie a qué tipo de exigencias están sometidos, qué límites les ha impuesto la sociedad para considerarlos así: belleza, salud, poder económico, talento, reconocimiento social, estabilidad afectiva... y una serie de pautas tan evaluables desde el exterior como necesitadas de una permanente exhibición.

La necesidad de poseer, y además de forma rápida, ha generado una suerte de relajamiento de valores antes considerados como «dignos», que han sucumbido frente al embate del «todo vale». De modo que no es raro que a veces estas personas confundan, por ejemplo, el orgullo con el engreimiento.

El primero casi diríamos que es algo lógico. Lo segundo ocurre cuando utilizamos nuestra satisfacción personal para despreciar a otros. Así, del orgullo modesto al engreimiento hay apenas un deslizamiento tan sutil como un simple gesto o una palabra poco atinada. Si el orgullo se vive (o debería sentirse) hacia adentro, el fatuo necesita del espejo externo.

Lo notable es que la exhibición del éxito ha generado un movimiento de simpatía hacia estos nuevos Narcisos. Parece que ya no es tan malo ser una suerte de tirano ególatra, y los medios de comunicación ensalzan y entronizan a toda clase de pedantes, envanecidos y exhibicionistas que lo han logrado todo en un tiempo récord. Frente a ellos, nuestros atribulados viajeros se sienten cada vez más transparentes y disminuidos.

Por ellos justamente hemos hecho este inciso previo al tratamiento de la envidia: antes que admiradores del éxito ajeno o inútiles buscadores de una volátill fama, comencemos por convertirnos en buenos espectadores. Seamos lúcidos y valientes a la hora de apreciar y aplaudir a quienes se lo merecen, pero también seamos justos con nosotros mismos y no carguemos con su soberbia, o no seamos blanco de su desprecio.

Dentro de lo que imponen las pautas actuales, ellos han hecho su trabajo con la máxima perfección, o como lo que mandan los cánones. Pero no todos vamos a hacerlo así. Como ellos, también nosotros, grises y modestos viajeros, tenemos muchos motivos para sentirnos orgullosos sin caer en la neurosis de la perfección.

ESPEJITO, ESPEJITO...

Hemos visto cómo aquellos viajeros que tanto se preocupaban por su imagen tenían, antes de bajar hacia las luces de la fama, una «corte» de admiradores. Son los que «reflejan» su luz. Ahora podemos decir, sin lugar a dudas, que existen gracias a ellos.

Éxito y fama son impensables sin la mirada ajena o, mejor dicho, sin la suposición de la misma. Muchas de estas búsquedas no están llevadas sólo por un deseo personal de superación; casi siempre van acompañadas por una necesidad igualmente intensa de reconocimiento.

Ya lo hemos dicho en otro momento: se «es» no sólo por lo que se tiene, sino por lo que se muestra. Y mientras lo «demostrable» siga siendo lo externo seguiremos en las mismas. Y si además lo que se demuestra es sinónimo de gloria, de brillo y de espectacularidad, tanto mejor.

Con esto queremos decir que, por extraño que parezca, aquellos viajeros acosados por flashes y periodistas se habían lanzado hacia ellos como un náufrago tras una tabla. Acababan de perdernos como espejos, de modo que braceaban desesperados a la búsqueda de otro que les asegurara la existencia. Como bien dijo el dramaturgo belga Maurice Maeterlinck, «si pudiéramos salir de nosotros mismos y gustar la desdicha del héroe, cuántos de nosotros volveríamos sin pena a nuestra estrecha felicidad».

Esa felicidad, la dignidad o el justo reconocimiento valen tanto y han de ser tan disputados como la búsqueda de la fama. Ni esas luces, ni el brillo ni los espejos nos darán la medida del éxito. Hagamos que nuestra felicidad no sea como la de algunos triunfadores: está en nosotros y, como dijo otro poeta «...en las cosas que conocemos».

Y es allí donde habrá que buscarla.

¿Dónde llevas tu equipaje?

Viendo ciertas incomodidades y peleas que alteraban la vida en la Tierra, los dioses se reunieron en concilio y decidieron llamar a los animales para conocer sus quejas.

El primero en presentarse fue el mono, quien al ser preguntado sobre si estaba conforme con su aspecto contestó que sí: alabó su agilidad, su cola y la proporción de sus miembros. Pero ya que estaba ante tan magno tribunal aprovechó para denostar a las serpientes y a los osos; a las primeras porque su forma era tan diferente a la suya que le daba pavor, y a los segundos porque siendo peludos como él, carecían de su gracia.

Llamada la serpiente defendió su esbelto cuerpo, y aprovechó para burlarse de las lombrices que, efectivamente, eran chiquitinas, feas e indignas de tener la misma forma que ella. Por su parte, el oso estuvo conforme con su corpulencia y pelaje, de la que, por ejemplo, carecía el elefante. Por supuesto que era más grande, reconoció, aunque sus orejas eran desmesuradas y su trompa desproporcionada respecto de la cola.

Por razones obvias, las lombrices se despacharon a gusto contra los pájaros, en tanto que el elefante se mostró conforme con su corpachón no exento de elegancia. Pero ya que estaba, no pudo dejar de mencionar otros cuerpazos como el de la ballena, por ejemplo, demasiado grandes para lo poco que se mostraban y lo mucho que comían.

Con un par de saltos bien ensayados fuera del agua, la ballena confirmó que era la reina de los mares y que el resto de sus habitantes eran tan ínfimos y despreciables que sólo podrían servirle de alimento. Pero ya que era consultada, si tuviera que hablar de un ser que además de ínfimo y molesto era de lo más feo e inútil que había sobre la Tierra, no dudaba en acusar al hombre.

Ni qué decir que a los dioses éste le pareció el más soberbio, vanidoso y criticón de los animales, tan empeñado en mirar los defectos ajenos como en ignorar los propios.

Así pues, los dioses acabaron el concilio con una sola conclusión: que no había solución alguna a la estupidez animal mientras siguieran llevando la bolsa con los defectos ajenos por delante y las alforjas con los propios a la espalda, de tal modo que no las pudiesen ver.

DEL LADO DE LAS SOMBRAS

Y mientras aquellos viajeros iban y venían entre espejos y aduladores, también habíamos entrevisto unas miradas serias, un poco torvas, que sin embargo se habían pegado a los cristales para ver alejarse a los famosos.

Seguramente alguno de ellos habría dicho (o pensado) lo siguiente:

—«Bah, vistos de cerca no parecen gran cosa...»

—«Tiene buena planta, pero una voz espantosa.»

Y es que el demérito, ese quitar algunas onzas al peso de la fama ajena, es la primera señal de la envidia que, como la culpa o los celos, corroe siempre desde dentro.

Del mismo modo que para el jactancioso o el ufano, la envidia implica una relación dual: el que la siente y el que es envidiado. Pero si con los celos defendemos algo que consideramos nuestro frente al peligro de un rival, en la envidia carecemos de un bien que otro posee.

Pero además, nos llama especialmente la atención que en el vagón hemos visto gente solitaria y caras serias. En efecto, la envidia no tiene muy buen humor: por más que la disfracemos con ironías, risas o sarcasmos, lo que en realidad sentimos es... una profunda tristeza. Y con esa pesada carga es difícil gozar de lo que tenemos.

Ocio y cultura

Dos buenos amigos se encontraron en medio de un camino. El uno contó que iba a una tertulia en casa de un escritor; el otro dijo que iba a una fiesta en casa de un actor de comedias.

—¿Por qué no vienes conmigo? —invitó el primero—. Puedes bailar y cantar otro día, pero es posible que no tengas otra oportunidad de hablar con este sabio. Es muy amable y podrás plantearle todas tus dudas. Además, pasaremos toda la noche hablando del arte y la escritura; estarán allí personas muy cultas de las que podrás aprender mucho. En esa fiesta reirás toda la noche, pero mañana estarás simplemente agotado; si vienes conmigo saldrás de allí convertido en una persona mucho más rica por dentro.

—Es muy tentadora tu invitación, amigo mío —respondió el otro—. Pero me gustaría que vinieses conmigo a esta fiesta. ¡Deja por un día de lado la cultura y disfruta de otras delicias! El anfitrión es magnífico y actuará para nosotros. Habrá buena comida, excelentes licores y hermosas mujeres. Los libros no se perderán y vendrán otros sabios a enseñarnos. Somos jóvenes y ahora toca divertirnos.

Los amigos siguieron un buen rato discutiendo sobre las ventajas de una tertulia literaria y una fiesta divertida, mas no llegaron a ponerse de acuerdo y cada cual siguió su camino.

Pero ocurrió que mientras el primero escuchaba las disquisiciones del sabio y las inteligentes palabras de los contertulios, su mente no dejaba de pensar en que su amigo estaría en ese momento riendo a carcajadas, bebiendo un buen licor y posiblemente acariciando los hombros de una atractiva mujer.

Por su parte, mientras degustaba manjares y contemplaba unas bellísimas bailarinas, el otro no podía olvidar que entre aquellas risas y estridencias estaba perdiendo el tiempo, mientras su amigo se regalaba los oídos y el alma con hermosas palabras y profundos pensamientos.

Y fue así como aquel encuentro fortuito sembró en ambos una ínfima semilla de envidia, cosa que les impidió disfrutar plenamente de la cultura o el ocio.

Claro que esa semilla puede degenerar en rabia, frustración e incluso violencia. Pero inicialmente se trata de una especie de pena causada no por la carencia de algo sino porque otro la posee, especialmente si esa persona es cercana a nosotros. En otras palabras, la cercanía afectiva con el envidiado vuelve más profunda la envidia. Así, en el ejemplo del vagón, seguramente los espectadores ocasionales de aquel trasiego de «famosos» sienten una envidia menos profunda que, pongamos por caso, los solícitos amigos que colaboraban con ellos.

Se envidia con más pasión a un amigo, un hermano o simplemente un conocido porque —en apariencia— ambos tienen la misma capacidad de acceder al objeto del deseo. De todos modos hablamos de grados, dando por supuesto que la envidia siempre existe, esté cercano o no el objeto de la misma. Dicho de otro modo, también se desea lo que ni siquiera está cerca y se envidia a quien jamás tendremos delante.

Por ello, en cualquiera de los matices de este sentimiento, el envidioso cree que es él y no el envidiado quien merecería disfrutar de ese bien. Del mismo modo, y en contraposición al disgusto que nos causa el otro, cualquier adversidad suya nos llenará de un secreto placer. O no...

Un vestido rojo con flores blancas

¡Estaba tan ilusionada con aquel baile! Había llegado la primavera y con ella el renacer de sus esperanzas. Después de otro invierno de soledades compartidas con su familia, de aburridas veladas con sus tías y alguna tertulia con sus amigas, aguardaba con ilusión el primer baile de temporada.

Quizás, esta vez sí, alguno de los muchos mozos casaderos la descubriría, y después de bailar con ella le diría su nombre, y hablarían, y podrían pasear, y... ¡ay, si el amor llamase a su puerta!...

El entusiasmo casi le hizo perder la aguja con la que estaba dando los últimos toques al vestido que luciría esa misma noche, de un delicadísimo color azul-celeste, una verdadera cascada de tonos donde se mezclaba un poco de turquesa desvaído con otro poco de aguamarinas y cielos despejados. No tenía una sola duda de que, como poco, estaría a la altura de su vecina más próxima, una chica de su edad cuya elegancia —todo

hay que decirlo— solía acaparar las miradas de todos los muchachos. «Pero sigue soltera como nosotras», se decían entre las amigas, aunque nadie dudaba de que con aquel rostro y ese cuerpo cualquier chica podía permitirse el lujo de esperar la llegada del hombre de sus sueños.

«¡Pero si hay para todas!», se animaban. Y con el mismo espíritu embriagado de perspectivas fueron llegando una a una al gran salón de baile, que ya hervía de murmullos, exclamaciones y reencuentros. La orquesta afinaba sus cuerdas y las muchachas se miraban unas a otras, se retocaban los cabellos y ajustaban los lazos, mientras miraban con disimulo los corrillos de muchachos que, al otro lado, hablaban como siempre a voz en cuello, lanzando carcajadas y dándose manotazos y empujones. Aunque también las miraban de reojo.

Y por fin comenzó el baile, y tras los primeros titubeos y las consabidas torpezas casi todas, incluso ella, ya estaban girando por la pista en brazos de algún mozo que posiblemente no fuera el de sus sueños, pero al menos sabía moverse con cierta gracia. Y sin duda estaba diciendo algo sobre su precioso vestido azul-celeste cuando vio aquello...

«¡No podía ser otra!» Sin duda era la muchacha de la casa cercana a la suya. No la veía porque estaba lejos pero no podía ser otra: esa piel tan blanca, ese cuello esbelto y los cabellos renegridos... «¡Y ese vestido! ¡A quién se le ocurriría semejante cosa!» Rojo sangre, rojo clavel, rojo del más rojo de los crepúsculos; todo chorreado de inmensas flores blancas que parecían flotar, desprenderse por unos segundos en el mágico aire que la rodeaba para volver a caer sobre el rojo estandarte, nube roja y amenazante que giraba y giraba allá lejos, casi al borde de la pista, pero del que ninguna mirada podía apartarse.

«¡Qué osadía! Tan joven y con ese color», pensó la muchacha del vestido color cielo. Pero qué valiente y descarada. Sin duda estaba bailando con el más guapo, no cabía menos. Quizá ya había quedado citada, posiblemente con alguno de los jóvenes que estudiaba en la capital, o con algún cadete... Nada le sería negado con aquella elegancia. Y cómo se movía, con qué gracia aquel vestido rojo lanzaba flores blancas en su entorno, invitando, atrayendo a los incautos que como torpes libélulas acabarían atrapados en aquel tapiz de fuego.

La perdió de vista en un intermedio y apenas tuvo tiempo de hacer un breve comentario con sus amigas cuando el baile se reinició, y se sintió llevada por otros ritmos y otros brazos. ¿O eran los mismos? No podía concentrarse. «¿Dónde está el vestido rojo?» Allí estaba, de nuevo al borde de la vorágine de cuerpos que daban vueltas sin descanso, instaurando su propio centro, su propio remolino en el que cualquiera podía imaginar con qué deleite disfrutaba de su triunfo. Era sin duda la más atractiva, la más graciosa y elegante, la más admirada, la de siempre... Esta vez con aquel vestido incandescente, repleto de lascivia si no fuera por la ingenuidad de las flores; invitante, acariciador, un fulgor capaz de amortiguar cualquier color, incluso el suyo, que ahora era de un simple gris plomizo, celeste lluvioso, azul tristeza...

Y por fin cesó la música y volvió a perderlo. Y luego vinieron los saludos, los comentarios y las despedidas. Creyó que una voz de hombre le preguntaba si podían verse otra vez. «Sí... quizá... no sé», le pareció que contestaba mientras sus ojos buscaban inútilmente el vestido rojo con flores blancas. Ya no estaba. Quizás un coche la esperaba, y unos brazos acogedores, y la promesa de quién sabe qué halagos a los que nunca accederían las demás, las que como ella sólo fueron para lucir sus torpes vestidos hechos en casa, de un alicaído e intrascendente color celeste-agua.

Al otro día es domingo. Almuerzo familiar y chismes a granel. Todos hablan de aquel precioso vestido rojo con flores blancas. —Es la vecina —dice ella con evidente desagrado—. La madre ríe y luego se pone seria.

—Deberías ser más atenta e ir a visitarla. Lleva un mes en cama y nadie sabe lo que tiene.

«Es imposible, es imposible... Era ella, estoy segura», va rumiando mientras camina a grandes zancadas hacia la casa, donde un vestido rojo con grandes flores blancas ha de estar riéndose a carcajadas de su fracaso. Pero ella no se dará por vencida. Le escupirá a la cara su despecho, le dirá lo que todas sus amigas pensaron sobre aquel vestido descarado. Dime lo que tienes y te diré quién eres. Le dirá que podría ser más discreta, que no todas son como ella...

Pero ya la reciben con sorpresa y alegría. Un par de salas, dos pasillos y ahí está, bella y pálida, con los cabellos negros sobre la almohada y sus

manos delgadas entre las suyas. «Has sido muy amable en venir, ya estoy mejor. ¿Cómo fue el baile de anoche? Espero estar mejor para el último del verano», oye que le dicen desde unos labios agrietados por la fiebre.

La mira antes de contestar. Sin duda es una chica cualquiera, posiblemente de su edad, diría que casi vulgar...

—Normal —responde—. No te has perdido gran cosa.

¿Pero qué condiciones hacen posible la envidia?

En primer lugar existe una disparidad entre ambos términos: el envidioso se siente inferior al envidiado. Y quien diga lo contrario, o sea que «envidia» a un inferior, simplemente está cometiendo un acto de soberbia o de crueldad. De igual manera, conviene situar las tan manidas «envidias sanas» en su verdadero contexto: en el mejor de los casos puede que se trate de una sincera admiración, aunque lo más probable es que no se tenga nada que envidiar, y por eso hablemos de algo «sano». Con ello logramos que, gracias a nuestra crueldad, el otro disfrute aún menos de su bien, ya que ni siquiera llega a despertarnos envidia.

Por lo tanto el envidioso es alguien que se siente desposeído de algo que podría tener y que ahora está en poder de otro. Aún así, muchas veces no es la posesión lo que se envidia, sino los placeres o la imagen que ella brinda al envidiado. Para seguir con el ejemplo de los viajeros, podemos soportar su belleza, su ropa o su talento artístico, pero lo que nos resulta realmente insoportable es su éxito, el reconocimiento y la fama. De este modo descubrimos el segundo elemento de la envidia: la imagen que nos devuelve de nosotros mismos, en tanto que incapaces de lograr lo que deseamos. Por eso envidiamos a ese actor o esa actriz, pero simplemente porque no somos ellos.

EL ESPEJO OCULTO

Los famosos del vagón se miraban de forma repetida en el espejo, y de paso coqueteaban con nosotros. Al menos su necesidad de nuestra aprobación era sincera.

¿Pero quién es capaz de reconocer la envidia?

Pocos, evidentemente. La sentimos, pero sería humillante reconocerlo; de allí que para ser envidioso y que no se note, se necesita cierta inteligencia. Es la que, por ejemplo, pusieron los viajeros en sus comentarios cuando los famosos se habían retirado («Es hermosa, pero...»).

Puesto que el sujeto envidiado es un espejo que refleja todas nuestras carencias, si hacemos evidente nuestra envidia estaremos reconociendo esas faltas, y eso resulta un paso tan difícil como doloroso. Aunque más digno, sin ninguna duda.

Por eso es habitual que se disfrace la envidia con toda clase de retorcidas triquiñuelas, desde la zalamería y el falso elogio a los comentarios y las insidias. Todo vale para desmerecer los méritos ajenos... menos reconocer el daño que nos están causando.

¿Por qué habríamos de rebajarnos a reconocer nuestra inferioridad, cuando resulta mucho más fácil intentar disminuir la superioridad del otro? Una frase maliciosa, una «crítica honesta», un comentario a traición y hasta un elocuente silencio, nos permitirán menoscabar al envidiado sin ponernos demasiado al descubierto.

El envidiado es un espejo nuestro: nos muestra aquello de lo que carecemos. Pero en vez de aceptar esa falta, la tapamos insistentemente con un velo de hipocresía, puesto que no nos interesa que los demás vean cómo somos ni que seamos capaces de sentir algo tan mal visto. Y no podemos permitir que eso se conozca porque, en el fondo, el bien que otro posee ha conseguido elevar sus méritos sociales, por más que consideremos que no merece ni los bienes ni esos méritos. Reiteramos: lo que el envidioso reclama para sí es la imagen que el otro ha conseguido, puesto que de alguna manera siente que disminuye el valor de la suya.

En ese adorado pero temido espejo, el envidioso no se ve como realmente es sino como querría que lo viesen: adornado con una serie de bie-nes que la sociedad impone como símbolos de éxito, como la belleza o el dinero. Pero el envidioso no puede exhibir nada propio, no está orgulloso —a veces de forma errónea— de lo que tiene, por lo que aspira a un cambio de imagen que el otro supuestamente le ha usurpado.

En esencia, el envidioso es alguien inseguro, un ser carente de autoconfianza que supone que puede cambiar si «adopta» la personalidad del triunfador.

Y como no lo puede conseguir lo detesta, busca disminuir su prestigio e incluso ve con agrado sus desgracias.

ROMPIENDO EL MOLDE

Envidiar supone comparar y otorgar importancia a cosas que quizá no sean tan importantes. Una buena respuesta a este sentimiento, desde luego bastante extendido, sería dejar de atacarnos a nosotros mismos mediante el uso de unos espejos que no nos corresponden. Probablemente no estemos viviendo de acuerdo con nuestras posibilidades, o aspirando a metas del todo inalcanzables.

Comencemos pues por reconocer honestamente la envidia: será como radiografiar un tumor. Luego hemos de intentar extirparlo mediante una escala de valores propia, basada en nosotros mismos y no en la que dictan personas ajenas a nuestro mundo, la televisión o la publicidad.

Asumamos que los bienes no están bien distribuidos y que la injusticia campea por todas partes. Pero posiblemente la vida nos ha sido menos injusta de lo que creemos. Miremos alrededor: ¡Probablemente también nosotros somos envidiados!

¿Y quién nos dice que el otro no envidie algo en nosotros?

Bajemos pues en esta estación con todo el orgullo del mundo. Ya no nos importará definirnos por los otros sino por nosotros mismos. Tampoco sufriremos por no estar donde creemos que deberíamos estar, sino que estaremos decididos a mejorar el sitio que ya tenemos.

Un último ejemplo: observemos con qué deleite la misma «prensa rosa» nos describe las caídas en desgracia de los famosos. ¿No habrá en ello un deseo secreto de calmar las envidias públicas y a la vez consolar a los periodistas de no haber llegado a la fama? ¿Cuánto hay de deseo informativo y cuánto de envidia en tantos programas del corazón?

Sinceramente creemos que ni James Dean ni Lady Di, por citar a dos notables, serían tan idolatrados si la desgracia no los hubiese abatido justamente en el punto más alto de su envidiable fama.

Sexta estación: *Celos y recelos*

MIRADAS Y GRUÑIDOS

No nos hemos cambiado de vagón, tan sólo de compartimento. Aunque muy cercano al bullicio de los afamados y los envidiosos, en este sector reina una tensa calma.

Pocos contemplan el paisaje; los demás se miran entre ellos de una manera que no presagia nada bueno. Lo llamativo es que nadie actúa solo: si uno se levanta, el otro hace lo mismo y no le pierde pisada; si uno se dirige al lavabo, el otro controla la puerta. Las miradas son como cuchillos: amenazan, vigilan y marcan territorios.

Los celos flotan en un ambiente enrarecido de angustias y sospechas.

¿Pero qué ocurre? Nada nuevo: el amor o la amistad han vuelto a jugar mal sus cartas, y para algunos ya no basta estar con la persona querida sino que ella ha de estar sola y exclusivamente con él, es de él. Es parte de sí, es un bien que posee y está terriblemente angustiado con la posibilidad de que se lo acaben quitando.

Los celos son tan antiguos y conocidos que estamos tentados a no referirnos directamente a ellos sino a tratarlos de forma oblicua, acaso para quitarles hierro y pomposidad. Están allí, todo el mundo los conoce y son tan generalizados que los sienten hasta los animales...

AMORES AVAROS

Las curiosidades de este sentimiento ya comienzan con su nombre. El verbo latino *celo* indica «mantener en secreto», «ocultar», «mantener en la ignorancia», de donde procede por ejemplo celador: alguien que cuida algo. Celar es por lo tanto vigilar y a la vez esconder. Por ello, y aunque parezca una perogrullada, digamos que los celos sólo son vividos por el celoso: no son —no suelen ser— un sentimiento mutuo. Aunque todos sabemos que cuando ocurre esto, es decir cuando las dos partes de una relación son celosas, estamos siempre ante la posibilidad de un desastre.

Pero resulta que esta palabra procede a su vez del griego *zélos*, que insiste precisamente en el ardor que se pone en conservar algo, con lo que ya tenemos otro elemento básico del problema: hay que guardar algo ardientemente (celosamente) de la mirada ajena. Aplicado a las personas, parece que aquí lo importante es la mirada furiosa e iracunda del que cela... aunque de lo que re-cela es de las miradas que dirige el objeto de su cuidado.

Por lo tanto dejemos subrayado también ese componente del ardor: el fuego y los celos parece que siempre van juntos, así que resulta difícil razonar con un celoso que, como todo ser poseído por una pasión, es incapaz de pensar... en frío.

A tenor de los diccionarios, los celos indican también un sufrimiento, un penar porque la persona amada (o querida) comparte su amor (o su cariño) con otra. Con los paréntesis queremos decir que se pueden sentir celos tanto en el amor como en la amistad y en las relaciones familiares.

En fin, y como decíamos al comienzo, estamos ante una relación donde, real o imaginariamente, siempre hay un tercero en discordia. Si en la envidia se ejerce sobre lo que no se tiene, los celos se basan en lo «poseído»... y aquí las comillas son también premeditadas.

En efecto: lo primero que se nos ocurre pensar es que hasta para el vocabulario erótico suele usarse la palabra «posesión», de modo que es fácil su traslado al terreno de los celos. Tienen el sello del dominio, el deseo de mantener en propiedad a otra persona. Pero además en dominio exclusivo, y por eso dijimos que se trata de un amor avaro, propio de quien desea conservarlo sólo para su propio disfrute.

De modo que la relación de amor se ha convertido en un vínculo de propiedad en el que, al parecer, poco importan ya los sentimientos del poseído. Amar a alguien implica tenerlo para sí, incluso si la otra persona ha dejado de amarlo. Claro que en la realidad las personas que son «celadas» tienen voz y voto, e incluso a menudo los provocan, pero eso es otro cantar. Básicamente los celos son eso: el celoso teme, sospecha, se inquieta y con frecuencia comprueba que los sentimientos de otra persona no están dirigidos en exclusiva a él: que le es infiel. Y ese desvío sentimental del ser amado le provoca un dolor cuya respuesta es directamente proporcional a la profundidad de lo que siente, que puede ir desde el tibio desengaño o la tristeza hasta los límites más iracundos y feroces. Todo depende de cuán des-poseído se sienta...

El pabellón secreto

Cierto noble muy adinerado llegó a la madurez sin haber contraído matrimonio. Antes por su empeño en hacerse rico y después por los deleites de la opulencia, lo cierto fue que hasta bien pasados los cincuenta años no había sentido la necesidad de compartir su vida con una mujer, aunque también es verdad que amantes no le faltaron.

Tras mucho pensarlo, finalmente acudió a consejeros y alcahuetas, quienes no tardaron en encontrarle la que parecía una esposa ideal. Poco después llegó a su mansión una muchacha de unos veinte años, extremadamente bella, delicada y culta. Ambos se gustaron y poco tiempo después celebraron su matrimonio.

Pasados unos años de felicidad, el noble volvió a retomar ciertas diversiones de sus épocas de soltero, por lo cual solía ausentarse de su hogar algunas noches, e incluso más de un día. Aquellas salidas provocaron no pocas escaramuzas en el matrimonio, pero al final el hombre salía indemne a costa de nuevas promesas y fastuosos regalos.

Uno de éstos consistió en hacer traer un exquisito pintor, ante quien ambos posaron durante horas para que les hiciera un retrato de cuerpo entero. El hombre quiso que en el suyo aparecieran sus tierras, pero la mujer dijo que prefería posar junto a una ventana, por lo cual el pintor realizó sus cuadros por separado. Cuando acabó el suyo, el noble se desentendió del resto y volvió a sus ocupaciones.

Pero como al poco tiempo se repitieron las salidas y las discusiones, la mujer logró arrancar de su marido la promesa de que le construiría un pequeño pabellón en el rincón más alejado del jardín, un sitio en el que obviamente sólo ella tendría la llave. En aquel reducto, no más grande que una habitación, solía encerrarse durante algunas horas, especialmente aquellos días en que el marido realizaba alguna de sus escapadas o simplemente descansaba tras una monumental borrachera.

Claro que, como ocurre con toda persona infiel, las estancias de su mujer en el pabellón comenzaron a despertarle celos y suspicacias, a pesar de lo cual ella jamás lo dejó entrar. Sin cambiar un ápice de su conducta, el noble se mostró cada vez más inquieto por las actividades de su esposa, a quien sometió inútilmente a rebuscados interrogatorios y acechos.

Para colmo, uno de sus sirvientes le dijo que, tras encerrarse en el pabellón, había oído la voz de la mujer hablando en voz alta, unas veces discutiendo con alguien, otras reclamando algo entre sollozos y las menos ahogando sus carcajadas. Aquello sacó de quicio al noble, quien tras imaginar toda clase de aventuras extraconyugales redobló su asedio y, tras fingir una salida, volvió cuando ella se encontraba en aquel sitio y pegó la oreja a la puerta.

Y sucedió que, en efecto, oyó perfectamente cómo su joven esposa decía algo entre sollozos, aunque no podía distinguirse bien a quién. Las palabras tampoco eran muy claras, pero su enfado era evidente y el tono de su voz no dejaba lugar a dudas que se dirigía a alguien que, al igual que él mismo, soportaba aquel chaparrón de reclamos en el más absoluto silencio. Un rato después las cosas parecieron calmarse, porque la mujer siguió hablando con normalidad, incluso lanzando de vez en cuando una corta risita seguida... ¡del chasquido de un beso!

Aquello fue demasiado para el marido. Ciego de celos, comenzó a aporrear la puerta del pabellón mientras gritaba insultos y amenazas. Tras un breve silencio, la puerta se abrió y la mujer apareció en el umbral. Cerró la puerta detrás de sí y se colgó la llave del cuello.

—¿Qué deseas? —le preguntó con fría calma—. Sabes perfectamente que aquí no puedes entrar. Es lo que pactamos.

—¡Pero no te he construido este pabellón para que me deshonraras! — gritó el marido—. ¿Con quién estás? ¿Cómo ha entrado?

—Más deshonra es la mía. Tú sales fuera a verte con tus amantes, yo no salgo de los muros de tu mansión. ¿Qué es lo que imaginas?

—¡Te exijo que me dejes pasar o lo haré por la fuerza!

La mujer palideció, pero mantuvo la compostura.

—No hace falta, puedo darte la llave. Pero si entras allí habrás roto no sólo el pacto sino lo poco que queda de mi amor por ti. Todo lo demás está ahí dentro. Si entras me iré de esta casa. Tú eliges.

El hombre se paseó por los jardines, incapaz de dominar la ira. Mas aquella risa de su mujer, y especialmente aquel inequívoco sonido de un beso, volvieron a hincarle la daga de los celos. Ella seguía delante de la puerta.

—Quiero la llave —dijo el hombre.

La mujer se la entregó y se alejó llorando hacia la casa.

El hombre sacó su espada y abrió la puerta. En el pabellón no había nada más que un viejo sillón, algunos libros y unas flores secas. Y en la pared del fondo una sola cosa: él mismo, en su propio retrato.

TERCEROS EN DISCORDIA

Nuestro viaje sigue en un magnífico y moderno tren. Es asombroso: la humanidad entera también parece evolucionar a una velocidad de vértigo, no acabamos de asimilar un cambio cuando otro se nos viene encima. Dentro de poco bastará apretar un botón y, como los viajeros de *Star Trek*, nos volatilizaremos en un sitio para reaparecer en otro... ¿Cómo será viajar por los sentimientos en el futuro?

Pero por desgracia seguimos pensando en los celos como si se tratase de una «estrategia» de emparejamiento poco menos que animal y prehistórica. Incluso algunas creencias, jueces y legislaciones lo ven así; y específicamente como un derecho masculino, de modo que los celos, a la manera irracional de las fieras, siguen justificando el maltrato y la muerte.

Pero no nos hagáis caso: os prometimos un viaje placentero por este viscoso territorio de los celos y vamos a cumplirlo. Sólo queríamos dejar claro que no está de más insistir en que los celos son un resabio de antiguas tácticas de conservación de la especie... pero también sabemos que las cosas han cambiado y nada justifica que algún despistado piense en continuarlas.

Démosle aquí, por tanto, un poco de sitio a los aires más livianos de la comprensión y la inteligencia.

Por ejemplo, convengamos que cuando dos se quieren, lo que desean por encima de todo es continuar juntos. El problema de los celos aparece cuando uno de los dos sospecha que esa unión puede romperse por la presencia de un tercero, ya sea que éste pretenda o no separarlos, o que una parte de la pareja pretenda o no la atención de ese tercero.

En esta relación de tres términos podríamos decir que todos compiten contra todos. Como en un nuevo juego de espejos, el celoso cela el objeto amado, pero está celoso del tercero; casi como en la envidia, cree que su pareja ve en el otro virtudes que ya no encuentra en él. Una vez más, el otro parece darnos la medida de nosotros mismos y es capaz de cambiar nuestra autovaloración.

La circunstancia social de ser engañados nos aterra porque, además de la pérdida de un bien, influye en nuestra imagen externa. El prestigio decae y la consideración se resiente porque pensamos que nos ven como débiles e incapaces de conservar una ganancia. Siguiendo con el tema de los espejos, tenemos miedo de que, además, un fracaso así se convierta en una mancha en nuestro «currículum», algo que se tendrá en cuenta para futuras relaciones.

Pero tranquilos, puesto que la relación es triádica, siempre queda la posibilidad de echar la culpa a cualquiera de los otros dos. Y un fracaso también promueve la solidaridad, la compasión y la comprensión... y de allí al cariño y al amor hay poco trecho: nos juzgaréis de mal gusto, pero convengamos que más de una pareja (o una amistad) bien avenida en la actualidad está formada por dos engañados en el pasado, cosa que al fin y al cabo confirma que el amor acabó triunfando sobre el desengaño.

Por ello, y por hacer más provechoso el viaje, dejemos de mirar a los celos (siempre en plural) como un sentimiento (¡vaya si lo es!), y echemos la prometida mirada oblicua a las conductas que promueve. Nos guste o no, tales recursos no resultan ser otra cosa que estrategias, una palabreja muy usada en ámbitos mundanos y financieros.

Y hablando de bienes materiales: parece que los celos no sólo aparecen entre los amantes...

Los herederos

Antes de morir, un rico aristócrata decidió repartir su fortuna entre sus dos hijos, para lo cual llamó a un notario y ante varios testigos dictó su testamento.

Con su mente en otra parte, los jóvenes casi no oyeron la minuciosa distribución que fue haciendo su padre de las tierras y mansiones, sin olvidar el ganado, los muebles y las joyas. Acabado el trámite, el anciano se sintió tan tranquilo que vivió cinco años más antes de morir.

Después de sus funerales, el notario distribuyó la herencia en los términos fijados y los dos hijos ocuparon sus respectivas tierras, al medio de las cuales corría un pequeño río.

Fue entonces cuando los celos comenzaron su lento trabajo y la relación de los hermanos se fue enturbiando con reproches y reclamos. Discutieron por el tamaño de las tierras y el número de animales, pero más tarde lo hicieron por muebles, libros y vajillas, de modo que hasta el detalle más ínfimo de la herencia acabó siendo motivo de riñas y discusiones. El notario iba de un lado al otro, explicando las razones del reparto y tratando de calmarlos, pero pronto se cansó de las disputas y les dijo que dirimieran sus cuestiones ante un juez.

Así lo hicieron, pero cuando el juez resolvía un pleito por una vaca, a la semana siguiente tenía que hacerlo por un arado, y cuando por fin adjudicaba un cuadro volvían a presentarse por culpa de un espejo. Aquel trasiego llegó a ser tan fatigoso y enrevesado que al juez le faltaba tiempo para tratar cuestiones más serias, de modo que las puertas del juzgado comenzaron llenarse de una multitud colérica que continuaba sus pendencias en la calle.

El escándalo llegó a oídos del propio rey, quien tras informarse del problema a través del juez y del notario, citó a los dos hermanos y los conminó a terminar definitivamente con aquel desaguisado. Si no lo hacían en cinco días, amenazó con hacerlo de forma contundente y obviamente inapelable.

Los herederos dijeron que así lo harían y se retiraron, pero los celos volvieron a impedir el diálogo y los cinco días pasaron sin que pudiesen llegar a un acuerdo. Lógicamente, ni el mismo monarca sabía cómo solucionar semejante embrollo, de modo que citó a todos sus sabios y consejeros. Tras escuchar el caso, uno de ellos dijo que la solución era muy simple, pero que necesitaba que su propuesta estuviera refrendada por el notario, el juez y el mismo monarca, quien se apresuró a dar su conformidad.

Los hermanos fueron citados y tras anunciarle sus intenciones, el rey cedió la palabra al sabio.

—¿De modo que consideráis que, a pesar de haberlo dejado claramente por escrito, el testamento de vuestro padre no es válido? —les preguntó.

Los hermanos asintieron.

—De modo que, a la vista de tantos litigios, parece que ambos pretendéis las posesiones del otro. ¿Es verdad?

Ambos contestaron que sí.

—¿Estáis dispuestos a firmar un documento donde constará lo que habéis afirmado, es decir que cada uno de vosotros pretende lo que tiene el otro?

Los hermanos se apresuraron a signar el trato, pensando por separado que por fin habían conseguido su propósito. El consejero alargó el pacto al rey y éste lo rubricó con su anillo.

—¡Entonces ya está! —dijo el sabio—. De acuerdo con lo que habéis firmado, cada uno pretende la herencia que le ha tocado al otro. De modo que por orden de su majestad, cada uno entregará al otro sus posesiones, y con este intercambio damos satisfacción a vuestras demandas. El testamento de vuestro padre sigue vigente, sólo que con los nombres cambiados. El caso queda cerrado.

El rey iba a felicitar al consejero, pero al ver la rabiosa expresión de los herederos los preguntó si quedaba algo por aclarar.

—¿Y de quién es el río? —dijeron a dúo.

—De ambos —dijo el rey poniéndose en pie—. Allí quedará, como símbolo de vuestra herencia común. Habéis peleado de forma escandalosa por cosas superfluas, pero el agua es indivisible y por ello estaréis obligados a compartirla.

TÁCTICAS DE CONTACTO

No por muy usadas sino por vulgares y de mal gusto, dejemos compasivamente de lado las tácticas que se dirigen a ocultar o alejar al objeto amado de la vista o la posible competencia: estamos en un tren, pero también en un mundo libre...

En cambio resultan interesantes, por ejemplo, algunas de las formas en que los celos se transforman en un arma de manipulación psicológica de la persona amada, un campo en el que sí existe un a igualdad entre los integrantes de una pareja. En otras palabras, cuando se trata de conservar los beneficios de un vínculo, las estrategias emocionales que se ponen en juego no hacen distinciones, ni de sexo ni de orientación: todos somos iguales al defender la «propiedad».

El recurso menos original y a la vez más eficaz suele ser el de mantener entera y eternamente satisfecha a la persona amada, o sea darle aquello que ésta desea y que de alguna manera estuvo explícita o implícitamente aclarado en los prolegómenos de la unión.

Sea lo que fuere aquello que alguien desea de otro, si la satisfacción que ésta nos da disminuye, estamos ante la posibilidad de un desvío de la atención hacia algo que mantenga ese deseo satisfecho, y por lo tanto ante el inicio de un episodio de celos. Dicho de un modo algo mercantilista, digamos que un mínimo cambio en la oferta acarrea un cambio semejante en la demanda, una cuestión que por lógica también depende de los ánimos del comprador.

En efecto, a pesar de lo que desearía el celoso, su «propiedad» no es un bien inerte sino todo lo contrario. Y sabemos que los deseos cambian con el tiempo, no tanto como las modas, pero...

Así pues, la relación entre esos cambios y los celos consiste en que alguno de los dos no se adapta a ellos. Un ejemplo clásico es la pérdida del atractivo. Quien lo padece tiene miedo de que su pareja lo busque en un tercero, cosa que ocurrirá si el amor sólo descansa en ese atractivo, cuyo marchitarse el otro no es capaz de asimilar. Podemos cambiar «atractivo» por cualquier otro «valor» (dinero, amabilidad, éxito, cariño, popularidad, alegría, salud, vitalidad, regalos, mimos...) y estaremos ante el mismo fenómeno.

Otro recurso ya fue nombrado: el chantaje emocional, que consiste en la amenaza más o menos explícita de los daños que uno, el otro o los dos miembros de la pareja tendrán si se confirma la ruptura.

Las posibilidades de manipulación son igualmente inmensas y van desde la sumisión y la autodegradación a la más cruel de las amenazas; desde llorar y culpabilizar hasta asegurar el más terrible de los finales. La descalificación y la violencia verbal suelen ser, desgraciadamente, tan dañinos y perniciosos como la misma agresión física.

Pero como en la envidia, los celos actúan a la manera de un corrosivo tan potente como invisible, y el celoso «civilizado» se debate entre la confesión y el disimulo. Hay quien resulta explícito desde el inicio, e incluso más de uno está orgulloso de serlo (antiguamente era casi una virtud caballeresca, como la de ser un buen carnicero en las batallas...). Estos modernos «dueños» tienen infinitas maneras de demostrar a la competencia que el objeto es suyo, desde pequeños mensajes —como una mano en el hombro— a exhibiciones que bordean el fasto (joyas y pieles) o el mal gusto. Todo vale para reafirmar que esa persona no está libre.

Pero en este magnífico escenario de la vida social, todo es tan disimulable que el éxito depende más de la hipocresía que de la honestidad.

La alerta y la vigilancia suelen ser los primeros indicios de celos y desconfianza. Se empieza por preguntas más o menos indiscretas; se continúa revisando bolsillos, llamadas y correos, y se acaba directamente espiando a la otra persona.

Esto último indica además que los celos no suelen aparecer cuando las parejas están juntas sino cuando están separadas, en ese tiempo que para el celoso es el del dolor, los interrogantes y la sospecha. De allí que quiera apropiarse hasta del ocio de su pareja, de todos los momentos en los que el otro se ausenta por algo diferente que el trabajo o las obligaciones sociales y familiares.

Lógicamente, los celosos encontrarán en cualquiera de esos casos un motivo suficiente para poner en marcha su imaginación. En realidad, el celoso busca denodadamente un motivo para inquietarse, tanto que al no encontrarlo acaba por inventarlo.

Aunque también puede ser más sutil y utilizar los celos como un misil de efecto retardado. Así, hay quien los provoca justamente para conservar a la pareja; flirtea hasta el borde de la imprudencia sólo para que la otra parte se pique y redoble sus atenciones. Los celos han entrado así a formar parte de un juego social en el que no pocas veces alguien acaba escaldado...

La reina y la bella molinera

Aquella reina era poderosa, bella y justa. Se había casado con un príncipe igualmente hermoso e inteligente y en su corte estaban los mejores sabios y consejeros. Tenía todo lo necesario para ser feliz, pero había dos temas que no la dejaban en paz: su propia hermosura y los celos.

Ambos sentimientos parecían inseparables: tenía miedo de perder sus encantos y que por ello su esposo se fijara en otra. De modo que con un ojo se miraba al espejo y con el otro vigilaba al príncipe consorte.

—¿Soy bella? —preguntaba a sus sirvientes. —¿Me quieres? —preguntaba a su marido.

Y todos le respondían que sí, y obviamente ninguno mentía.

Pero ocurrió que una vez pasó por allí una compañía de juglares, quienes aún comentaban lo acontecido en un pueblo del camino. Al parecer, habían conocido a una molinera de excepcional belleza, tanto que les había costado mucho concentrarse en la representación. La reina les pidió más detalles y todos coincidieron en que pocas veces en sus vidas habían visto semejante mezcla de ingenio y hermosura.

—Duele el corazón con sólo mirarla —dijo el más joven. —Pero el alma se agranda al escucharla —opinó el más viejo.

—¿De modo que la consideráis tan hermosa como sabia? —preguntó la reina con ansiedad— ¿Más que yo?

Los actores se apresuraron a negarlo con toda clase de aspavientos, así que la reina no tuvo la menor duda que estaban mintiendo. Así que decidió mandarla a buscar para comparar su belleza con la propia y de paso poner a prueba al príncipe. Dio una generosa propina a los juglares y mandó un emisario hasta el pueblo donde vivía la molinera.

Se hallaba ésta enfrascada en sus labores cuando golpearon a su puerta.

—La reina desea conoceros y solicitar vuestro consejo —dijo el emisario.

La mujer pensó que, efectivamente, la mandaba buscar por su famoso buen criterio, así que llamó al molinero y le anunció su partida. Cuando llevaba casi media jornada de viaje recordó que había olvidado algo muy importante para ella: un cuaderno donde apuntaba todos los pensamientos que había acumulado durante su vida, y que posiblemente le fueran de utilidad a la reina. Hizo dar vuelta al carruaje y regresó.

Y sucedió que al entrar en su casa encontró a su marido divirtiéndose en la cama con una vecina.

La molinera pasó todo el viaje llorando de indignación y despecho, de modo que cuando llegó al palacio tenía un aspecto tan lamentable que hizo solicitar a la reina que la dejara descansar un par de días en alguna de las habitaciones de la servidumbre.

La reina no tuvo el menor reparo y dispuso que fuera atendida del mejor modo posible. La desgraciada mujer estuvo un día y medio deshecha en lágrimas, pero a la segunda noche oyó que una pareja entraba sigilosamente al cuarto, que creían vacío, y se entregaba a toda clase de placeres. La molinera trató de pasar desapercibida, más aún cuando comprendió que los furiosos amantes eran nada menos que el príncipe consorte y una mujer de la servidumbre.

«Así es que ocurre lo mismo en palacios que en molinos», se consoló la mujer. «Nadie es capaz de evitar que su pareja haga lo que le venga en gana». Y diciendo esto, esperó que los amantes acabaran con lo suyo y comenzó a recomponerse para su próxima entrevista con la reina.

Al otro día la condujeron ante ella y ambas reconocieron en su fuero interno que jamás habían estado ante una mujer tan admirable. Mas como las señales del llanto no se habían disipado por completo del rostro de la molinera, la reina le preguntó cuál había sido la causa de su pena, ya que si estaba enferma podría llamar a uno de sus médicos.

—No os preocupéis, majestad —respondió la molinera—. Mi alma estaba herida pero ya ha pasado. Cuando venía de camino descubrí que había olvidado algo en el molino, pero al entrar en él encontré a mi esposo holgando con otra mujer. Mi ira fue tan grande que se me descompuso el cuerpo y el corazón, por lo cual no quise presentarme en tales condiciones ante vos. Pero además, cuando vi que anoche vuestro esposo hacía lo mismo con una de las sirvientas me he sentido mejor. He comprendido que alguien tan sabio y poderoso como el príncipe tendrá sus razones para amar a una mujer que no os iguala en hermosura; así que mi marido, que es menos sabio y más humilde que él, tendrá también las suyas para preferir a una vecina. Así pues, he recuperado una parte de mi cordura y mi corazón ya está tranquilo. El alma acabará haciendo el resto, puesto que es lo único que nadie logrará poseer.

Mucho lloró la reina al oír aquello, mas las palabras de la molinera fueron tan razonables que, tras recuperarse del disgusto, pidió al príncipe que se alejara del palacio. Invitó a la bella molinera a ser su consejera y en aquel país se habló por muchos siglos del más justo de los reinados.

El libro de pensamientos de la molinera fue pasando de generación en generación, y si alguien quiere saber lo que ella escribió en aquel momento de dolor puede leer lo siguiente: «La infidelidad y los celos son una elección que hemos de asumir siempre a solas».

PARA VIVIR CON EL ENEMIGO

¿Estaremos por aconsejar cómo vivir con una persona celosa? Es posible. ¿O nos proponemos vivir bien a pesar de nuestros celos? También.

Y es que el «enemigo» siempre estará allí, fuera o dentro, en el otro o en nosotros. Aunque no debería ser así, la posibilidad de la pérdida forma parte del amor, incluso parece que le da impulso.

Pero dejémoslo claro: están allí pero son lo que son en tanto que imaginarios. O sea que actúan a la manera de una amenaza, una probabilidad. Su concreción (la temida infidelidad) marca inevitablemente la necesidad de una postura: o negociamos con ellos y la persona amada... o asumimos su alejamiento.

De modo que conviene aprender a convivir con ellos, así que podríamos comenzar por confesar cuándo y por qué los hemos sentido. Una exteriorización más o menos controlada actúa a la manera de una buena limpieza; lo contrario tiene, en principio, un matiz de falsedad.

Del mismo modo que no debemos avergonzarnos de mostrar otros sentimientos, debemos reconocer que los celos son una parte más de nuestra manera de relacionarnos con el otro.

Pero antes que nada insistimos en que, como dijo la bella molinera, los celos son nuestros, nacen en nuestra mente y por lo tanto (salvo que se demuestre lo contrario) son productos de nuestra imaginación y allí deben de quedar. Y así como el amor se ha de sentir para después exteriorizarse, a menudo los celos se producen justamente porque, al parecer, ese amor no se exterioriza, es decir que no sentimos en la persona amada esas señales de unión o de «pertenencia».

Pero sentirlos y darles un cauce apropiado no es lo mismo que dejarse llevar por ellos. Como vimos, no es sana la imaginación desbordada (cuando no hay motivos reales) ni la humillación (cuando los hay). En una palabra: los celos son de una perfecta inutilidad.

Y como en todo producto de la mente, una vez desatados nunca se conocen sus límites. El amor no nos hace dueños del otro ni tampoco nos obliga a idealizarlo con perfecciones que no tiene: no pongamos listones tan altos que ni nosotros mismos podríamos saltar. Justamente, las personas más celosas resultan a menudo las más proclives a la infidelidad.

Cuando lleguemos a esta estación, al menos ya estaremos avisados de que los celos son una inversión inútil de tiempo y de esfuerzos. Ya sabremos que, como la envidia, corrompen y corroen, es decir que desgastan. Por ello la sospecha no puede eternizarse: o se expresa o se entierra; lo que no podemos permitir es que se perpetúe. En otras palabras, no hay que ignorarla pero tampoco alimentarla.

Cualquier lector de estas páginas conoce el alcance de sus celos, pero no todos somos capaces de rechazar una relación con una persona que, desde el inicio, sabemos que es celosa o infiel. Es bueno creer en los milagros, pero conviene evitar que lleguemos a necesitarlos...

Elijamos pues uno de los caminos: o nos atenemos a la posibilidad de la pérdida, pero mientras tanto disfrutamos de la pareja; o nos concedemos la posibilidad de vivir sin compromisos afectivos.

En el primer caso tendremos que considerar que las relaciones no son únicas ni insustituibles; en el segundo tendremos que aprender a disfrutar de la soledad. En uno tendremos que estar atentos a los «síntomas» de los celos; en el otro posiblemente nos estemos protegiendo (o quizá curando) de una decepción. En un caso compartiremos el goce, aunque siempre estaremos expuestos a la decepción; en el otro estaremos privados de la complicidad.

El amor más deseable sería aquél en el que dos seres viven juntos siendo capaces de vivir solos.

Una vez más, los celos son un espejo: pero no del amor sino de nuestra propia inseguridad.

Séptima estación: *Odios, cóleras e iras*

PARÁBOLA DEL VERTEDERO Y LAS OVEJAS

Parecía que el viaje iba bien hasta que sucedió aquello: el tren fue disminuyendo su marcha y finalmente se detuvo. Al principio los pasajeros no le dieron importancia, pero cuando la demora se fue prolongando comenzaron las impaciencias, especialmente porque nadie dio una explicación por los altavoces.

Para peor, el paisaje de fuera no era nada agradable, como una mezcla de bosque muerto, zona de desguace y vertedero. «Aún falta para la próxima estación», opinó alguien, pero era evidente que allí había de todo: coches destrozados, muebles desvencijados, ropa hecha jirones y bastante suciedad. Además se veían árboles, muchos árboles, a cuál más decrépito y lastimoso, con ramas moribundas y barbas de líquenes antiguos descolgándose hasta el suelo, desde donde se levantaba un vaho pegajoso que impedía mirar con claridad. Algo bastante siniestro, desde luego.

Por fin la impaciencia pudo más y algunos pasajeros decidieron ir hacia adelante en busca de información.

Mientras tanto, otros se dedicaron a mirar aquel paisaje desolado, primero con desinterés, aunque poco a poco, como si reconocieran algo entre aquellos desperdicios, comenzaron a señalar a sus compañeros de viaje aquel abrigo roto o ese sillón desfondado. «¡No puede ser!», dijo alguien. «Te lo dije», susurró otro. En fin, aquellos objetos abandonados tuvieron la virtud, nadie supo cómo, de despertar quién sabe qué malos recuerdos entre el pasaje. Lo cierto fue que en poco menos de una hora, la mitad de los viajeros estaba discutiendo con la otra mitad, a voz en grito y con verdadera irritación. Todo por algún trasto, evidentemente desagradable, entrevisto entre la niebla del basural. Y como una cosa trae la otra, de aquellos objetos de deshecho salieron otras historias y tantos enconos del pasado que, entre llantos, acusaciones y reproches, en aquel vagón comenzó a palparse la desgracia.

Para aumentar el barullo, los que habían partido de investigación regresaron vociferando a todo pulmón que el tren estaba detenido... ¡por el paso de un rebaño! Estaban verdaderamente coléricos: —¡Un maldito rebaño de ovejas nos atrasará el viaje! —rugía un iracundo. —¡Esto no va a quedar así! — amenazaba un rabioso. Y como el ambiente ya estaba caldeado, alguno aprovechó su propio encono para defender el derecho de las ovejas, lo que provocó la inmediata respuesta de los enfurecidos, que querían proseguir el viaje incluso a costa de una escabechina de animales inocentes y algún que otro pastor.

Y el esperado desbarajuste finalmente estalló. Hubo gritos, amenazas y empujones. Los menos belicosos ya estaban a punto de llamar a los revisores cuando, casi por encanto, el tren comenzó a moverse otra vez.

El mundo petrificado de fuera comenzó a deslizarse hacia atrás y los contendientes, tras unos segundos de avergonzada parálisis, comenzaron a sentarse otra vez en absoluto silencio.

Un bucólico rebaño de ovejas ya se alejaba por un sendero de árboles verdes mientras dos pastores, uno viejo y otro muy joven, saludaban a los pasajeros con sus boinas en la mano y una sonrisa que la rapidez de la marcha impidió discernir si era de disculpa o ironía.

UN ODIOSO IMPREVISTO

¿Quién no ha sufrido alguna vez un percance semejante? Pretendemos que nuestra vida —y nuestros viajes— sean siempre rápidos y por caminos llanos, pero lamentablemente no siempre es así. Hay atascos, detenciones, demoras... obstáculos que se interponen en nuestro camino, personas o cosas que no resultan ser lo que esperábamos. Y lógicamente reaccionamos. No siempre con paciencia, claro, ya que desde pequeños aprendimos que los gritos y el llanto eran el mejor modo de conseguir inmediatamente el camino llano, la desaparición del obstáculo. Algunas veces nos dieron un azote, es cierto, pero lejos de ayudarnos aquello nos enfureció aún más. ¿Quién dijo que los castigos enseñan? Generalmente, lo que consiguen es que aprendamos a tragarnos la rabia... que algún día surgirá.

A los pasajeros de nuestro vagón les ha pasado algo semejante: lo que vieron en aquel desolado paraje eran sus propios desperdicios, esos de los que una vez creyeron desprenderse pero que, por alguna razón, siguieron estancados en un rincón de sus memorias. Eran acciones, omisiones, palabras y rencores: malos recuerdos que el tiempo no alcanzó a tapar ni las conciencias a olvidar. Algo del pasado que nunca acabó de morir.

En cambio los que partieron hacia el principio del tren encontraron otra cosa, un imprevisto igualmente molesto que les cambiaba completamente los planes: ¡ovejas! ¿Acaso hay algo menos crispante que un obstáculo tan tonto? Y sin embargo tuvieron que aceptarlo, eso sí: con los pataleos y enfados de rigor. De todas maneras, si de ellos hubiese dependido, se habrían cargado alguna que otra oveja con tal de continuar la marcha. Menos mal que no los dejaron bajar del tren, que si no...

Y allí quedaron los pastores sonriendo, seguros de que estos pasajeros estaban a punto de aprender algo nuevo.

Porque el más viejo nos hablaría del odio, de los rencores antiguos, de resentimientos enquistados.

Y el joven nos diría unas palabras sobre la ira, esa pólvora reciente que necesita reventar para que no se convierta en desmesura.

ANTIGUOS BAÚLES

El viejo pastor sabe que los odios, como los amores, pueden nacer poco a poco o, por el contrario, «a primera vista». Aunque lo esencial es que deseamos que esa persona o cosa desaparezca lo más pronto posible de nuestra vista; es un obstáculo tan importante que estamos dispuestos incluso a destruirlo de cualquier manera: física, moral o social.

Lo mejor sería apartarse de él, pero como vimos en ese basural, su sola presencia reactiva la aversión con la misma dureza. Se nos ocurre que los mejores ejemplos del odio los tenemos desgraciadamente muy cerca. La barbarie de las guerras étnicas nos horrorizan y a la vez nos asombran precisamente porque la mayoría desconocemos sobre qué antiguos fermentos puede explotar tanta maldad. Hace falta acumular mucho odio para llegar a semejante locura, tanta que ni siquiera las treguas o los ejércitos de paz pueden darle fin.

Antes de Romeo y Julieta

Las dos familias más ricas y antiguas de la ciudad vivían enquistadas en la rivalidad y el odio. Aquello tenía tanta antigüedad que incluso las nuevas generaciones de una no sabían muy bien por qué debían detestar a la otra, pero lo cierto es que las disputas llegaron a ser tan agrias como repetidas, inútiles y de nunca acabar.

Harto de los problemas que provocaban en la vida diaria de sus súbditos, el monarca mandó llamar en secreto a uno de los aristócratas más renombrados y sabios —alguien que además no pertenecía a ninguna de estas dos familias— y le explicó su plan.

Poco tiempo después, una serie de rumores y chismorreos comenzó a envenenar aún más la ya ajetreada vida de la ciudad. Las calles y mercados hervían de todo tipo de comentarios e infundios, a cuál más falso y malévolo, siempre dirigidos a uno u otro de los clanes en discordia. Aquello llegó a tomar tal cariz, que los miembros de las dos familias renunciaron incluso a salir a la calle, no sólo por miedo a verse envueltos en una trifulca sino, especialmente, porque los rumores sobre unos y otros eran humillantes y vergonzosos.

Ambos jefes hicieron sus pesquisas y llegaron a la misma conclusión: aquella campaña no provenía de sus rivales sino de un tercero en discordia, el sabio y aparentemente inofensivo aristócrata.

El furor de las familias fue tan intenso que no dudaron en reunirse con el propósito de aunar sus fuerzas contra aquel enemigo común. Una y otra vez, solos o en compañía del otro, los jefes intentaron hablar con el promotor de aquella deshonra pero fue inútil.

Por fin, cuando todo aquel odio macerado durante años estuvo canalizado en una sola dirección, el aristócrata los mandó a llamar. Poco imaginaban los patriarcas que en la misma reunión se iban a topar con el mismísimo rey.

Tras los saludos y reverencias de rigor, y antes de que pudieran abrir la boca, el monarca les dijo:

—Sé muy bien a qué habéis venido. El amable dueño de esta casa sólo ha seguido mis órdenes. Yo mismo monté todo este simulacro para daros a entender cuán hartos estamos en esta ciudad de la superficialidad de vuestras disputas. Es evidente que las mismas carecen de todo fundamento, tanto que han bastado un par de murmuraciones callejeras para que os unierais en menos de lo que canta un gallo. Sois tan frívolos y pendencieros como el menos instruido y ruin de mis súbditos. ¿Qué puedo esperar de los menos favorecidos si los que se dicen nobles actúan como bellacos y son capaces de ser manipulados así? Ahora todo el mundo sabe cómo sois y a qué extremos puede llevaros la sinrazón y el odio. Habéis probado qué se siente al ser pasto de la infamia. Ahora podéis saber de qué manera estas futilidades pueden volverse en contra vuestra y devenir en tragedia. No quiero volver a oír una sola palabra más de las rivalidades entre vuestras familias. Si lo habéis entendido, podéis marcharos.

Los dos viejos aristócratas hicieron una profunda reverencia y se retiraron en el más absoluto silencio.

El odio tiene carácter retrospectivo; posiblemente comenzó con un enfado, una ofensa, una irritación o incluso un ataque de ira, pero el deseo de apartarlo no cristalizó en su momento y quedó en nuestra fantasía como probabilidad. Incluso, más de una vez, ni siquiera somos capaces de reconocerlo por simple autovaloración, para que nadie sepa que tenemos dentro un sentimiento tan reprobable.

Cuando por fin estalla, más de un «testigo» afirma, no sin razón, que jamás habría imaginado que aquel ser de apariencia tan pacífica pudiese llegar a semejante agresión.

El odio es... un pesado y terco baúl. Un petate lleno de inutilidades que nos persigue a sol y a sombra y reaparece en el momento menos esperado, precisamente porque nunca se ha ido de nuestra conciencia. Se odia el recuerdo; se odia lo que fue capaz de despertarlo. «Odio el odio», dijo alguien con más acidez que humor.

PERO ¿QUÉ ES EL ODIO?

Es simplemente la reacción contra una amenaza que pende sobre nosotros o nuestras pertenencias (sean personas o cosas); una espada de Damocles a la que —justificadamente o no— le otorgamos la posibilidad de atentar contra nuestra integridad física, moral o social.

En consecuencia, deseamos destruirlo o que lo haga otro: cualquier cosa con tal de sentir que ya no nos amenaza.

El odio, en fin, parece que sólo «podría» desaparecer con el objeto odiado, lo que en cierta manera le otorga una importancia enorme. Y lo es porque a ese obstáculo le achacamos nuestra parálisis: es... «el que nunca me deja hacer lo que quiero».

Se trata pues de un sentimiento tan básico que sólo con alejarnos de él desaparecería su poder. Pero eso no suele ser posible: para llegar a ser odiado, un objeto ha de pertenecer a nuestro entorno, de tal manera que su traba sea más o menos constante, o que pueda ser reactivado con su mera presencia. De allí que perviva nuestro deseo constante de destruirlo para así ponernos a salvo de su amenaza.

Y cuando hablamos de destruirlo nos estamos refiriendo a ejercer una violencia contra él, deseamos hacerle un daño que paralice su poder. O que lo neutralice, como cuando en vez de atacar al odiado lo llenamos de calumnias y tratamos de destruirlo, si no de forma física, en su integridad moral o su reputación social.

Claro que estamos hablando de un odio extremado; en sus variantes menos furibundas (manías, ojerizas, animadversiones y antipatías varias) podemos llegar a ser capaces de alejarlo... o alejarnos nosotros «un poco más allá», y así delimitar tanto el poder del objeto como nuestra repulsa.

Es decir que el odio es la máxima intensidad a la que puede llegar esa mezcla de rechazo y miedo que nos provoca algo. No se agota con la mera expresión, sino que busca completarse con el alejamiento o la destrucción. El hecho de no lograr alguna de esas dos soluciones permite que el odio continúe latente. Por eso decimos que en una escala más suave están los habituales cabreos, enojos, enfados e irritaciones, cuya consumación (es decir, el «dejarlos salir») posiblemente amortiguan o acortan su presencia en nuestro espíritu.

El odio verdadero es un odio apasionado... como el amor. Y también es frío, porque es antiguo. De allí que adquiera las variantes del rencor, el resentimiento, las manías, la inquina... Como ya se ha dicho, el odio es memoria.

La gota de miel

Mientras recorría el bosque, un cazador encontró un inmenso panal de abejas, del que rezumaba una exquisita miel. Con la intención de venderlo en el mercado, tomó un frasco y lo llenó con aquel manjar.

Ya en el pueblo, pasó primero por el puesto del carnicero que le compraba sus presas. Mientras pactaba el precio, de su morral cayó al suelo una gota de miel. Un pajarito que acostumbraba a merodear por allí dio un par de saltitos para picotearla, momento que aprovechó el gato del carnicero para saltarle encima. Aquel felino llamó la atención del perro del cazador, que se arrojó sobre él y lo mató de un solo mordisco. Indignado por haber perdido a su mascota, el carnicero cogió un cuchillo y degolló al perro, lo que provocó la iracunda reacción del cazador, que sin dudar un segundo asestó un tiro mortal al carnicero. Al oír aquel jaleo, salieron sus hijos del interior de la tienda y al ver el cuerpo de su padre en el suelo se abalanzaron sobre el cazador y le dieron muerte.

Como la familia del cazador pertenecía al pueblo vecino, en pocos días había estallado una batalla entre ambos clanes, a la que pronto se agregaron otros, hasta incendiar el país entero en una sangrienta guerra que duró diez años y dejó cicatrices para siempre.

Nadie recordó que la causa de todo fue una gota de miel.

Pero al introducir el factor del miedo y la amenaza, también estamos hablando de una superioridad del objeto odiado. Así como no envidiamos lo que consideramos inferior, tampoco podemos odiarlo. Para ello debe existir una intuición de que no podremos superarlo, que somos impotentes para enfrentarlo. Por eso el odiado es el espejo de nuestra debilidad, cosa que siempre cuesta asumir. El acto de odiar a otro es también una forma de aceptar una minusvalía propia. De allí que busquemos «alejarlo», si no físicamente, al menos disfrazarlo de cualquier otra cosa.

Algunos hablan de «racionalizar» el odio, como si se pudiese razonar con una pasión. Más bien lo que se hace es ponerle una careta a nuestra derrota, a la imposibilidad de destruir el odio. Si no fuimos capaces de eliminarlo de nuestra memoria, buscamos razones para justificarlo.

Como a los pasajeros del tren, a nadie le gusta toparse con un recordatorio de sus debilidades, y el odio lo es.

JUEGOS DE PIROTECNIA

¿Y qué tiene que decirnos el joven pastor?

Él quiere hablarnos de los enfados recientes, de los que no tienen la posibilidad (como los odios) de curarse en la distancia, aunque a veces ni aún así se van...

Por eso vimos aquel vapor pegajoso entre los árboles: el odio es un miasma terco y pertinaz, todo lo contrario que la ira, que en su mismo estallido ya está anunciando su fin... o la destrucción y la muerte.

En ambos casos se percibe un impedimento, un obstáculo a nuestras intenciones, una amenaza a nuestra integridad. Pero en este caso, su carácter acuciante y revulsivo nos induce a una acción inmediata. A diferencia del odio, no podemos alejarnos del obstáculo sino que todo nos conduce al enfrentamiento, a su rápida eliminación.

Así como en el caso del odio existen gradaciones, también la ira tiene las suyas: si es menor podemos hablar de enfados, broncas y enojos; y si es más fuerte podemos estar indignados, coléricos o enfurecidos. Todo depende del grado de molestia que sintamos. Por un disgusto dejamos de vernos por un tiempo con un amigo, pero el furor nos puede «sacar de quicio» de tal manera que ya no somos nosotros sino otra cosa: una fiera, un monstruo, un loco o un asesino. De allí que se hable del «nublarse» de la razón o de la «ceguera» que producen estos excesos.

Ese grado del que hablamos, es decir la intensidad de la ofensa, depende de lo predispuestos que estemos a molestarnos por el obstáculo, de allí que conozcamos a gente más o menos impaciente, susceptible o irascible.

En cualquier caso, siempre existe la percepción de un hecho que prácticamente nos exige una respuesta inmediata y sólo dirigida al causante directo de la molestia. Rara vez la ira se desvía o se disfraza como ocurre con el odio, que como vimos puede heredarse y alcanzar a familias, clanes, partidos políticos o etnias enteras. Aquí el efecto es veloz, tanto que nos muda el color y podemos enrojecer o encendernos de ira... o hay que subirse en ella como cuando se «monta en cólera».

A veces esa percepción es enteramente personal y profunda, llegando a herir zonas muy ocultas para los demás, como cuando algo nos induce al despecho o el desengaño. En cambio otras, como la injusticia o los abusos, nos provocan indignación e impelen a una reacción externa, de reclamo social que busca la adhesión y la solidaridad de otros.

En todos los casos existe la percepción de que algo amenaza o atenta nuestra integridad; la diferencia la dará justamente la intensidad del peligro o la importancia del daño, lo que condicionará ese segundo movimiento, el de la respuesta.

Su importancia dependerá de nuestra historia personal, de las experiencias vividas, de lo proclives que seamos a encender o no la mecha de nuestros propios polvorines. En otras palabras, para que la rabia o la ira surjan ha de existir un terreno propicio que sólo lo puede conocer uno mismo y posiblemente los más cercanos. De allí que a veces las respuestas sean tan asombrosas e inesperadas. Un ser aparentemente tranquilo o indefenso puede reaccionar con aterradora agresividad, en tanto que el que está acostumbrado a la violencia puede convertirse de pronto en un monumento a la paciencia. En el primer caso el detonante puede ser el miedo; en el otro hay seguridad.

Como siempre ocurre, hay sentimientos que pueden dominarse (por ejemplo un berrinche); y otros nos dominan a nosotros (la rabia). De igual manera, la percepción social del agravio modifica las respuestas: un agravio en público no puede ser relativizado del mismo modo que una ofensa en la intimidad.

Nuestros lectores encontrarán en el siguiente cuento una metáfora de mucha actualidad: el ansia de posesión de los poderosos, ya se trate de un terreno urbanizable o de todo un país.

La cólera del justo

De regreso de un viaje, cierto rey pasó por una parte de sus dominios en donde nunca había estado. Asomado a la ventanilla de su carruaje vio unos campos tan hermosos que ordenó detener la comitiva.

Hasta donde alcanzaba la vista había árboles cargados de frutos y flores; la verde gramilla era un tapiz surcado por cuidados senderos y graciosas acequias por donde discurría un agua limpia y rumorosa. Aquel sitio era sencillo y a la vez magnífico, una verdadera obra de arte, ya que innegablemente detrás de aquello estaba la mano de su dueño.

Sensible a tanta belleza, el rey ordenó a uno de sus ministros que lo comprase a cualquier precio, ya que no le importaba pagar cien veces su valor con tal de que fuese suyo. Tras dar un corto paseo entre los setos y aspirar aquel aroma delicioso, subió a su carruaje y partió.

Unos días después se presentó el ministro quien, tras dar muchas vueltas, acabó confesando que no había logrado comprar aquellos campos, ya que su dueño se negaba firmemente a deshacerse de ellos.

—¿Pero le has dicho que eran para mí? ¿Le has ofrecido cien o doscientas veces su valor? —preguntó iracundo el rey.

—Sí, majestad. Llegué a ofrecerle hasta mil veces más de lo que valen pero su dueño me ha contestado siempre lo mismo, aunque bien es cierto que lo ha hecho con absoluta cortesía. Creo que estaba aún más apenado que yo, pero su respuesta ha sido terminante: no aceptará ningún tipo de canje por sus tierras.

Para un rey aquello era más que una afrenta. Consideró la posibilidad de hacer asesinar al dueño y a toda su familia, pero volvió a recordar la belleza de aquel sitio y decidió cambiar de táctica. Antes que nada quería conocer al artista, así que lo mandó a comparecer.

Un tiempo después se presentó ante él un hombre de mediana edad, de maneras sobrias y vestido con sencilla elegancia. Saludó con tanto respeto como falto de afectación, de modo que el rey comprendió que estaba nada menos que ante un hombre cabal, así que con un solo gesto dispuso que los dejaran solos.

Tras volver a alabar la belleza y el cuidado que exhibían sus tierras, el rey volvió a preguntarle si no estaba dispuesto a venderlas. «No me importa su precio —dijo—. Simplemente di una suma y te será concedida. Y si no quieres dinero y deseas otra cosa no tienes más que decirlo. ¿Un cargo real? ¿Un palacio? ¿Otras tierras? Sabes muy bien que puedo darte lo que pidas».

—Lo sé, majestad, y os lo agradezco —respondió el hombre con una leve reverencia—. Pero como se lo he dicho a vuestro ministro, son tierras que pertenecieron a mis antepasados más remotos. Hemos estado allí por generaciones, y no he de ser yo quien mancille una herencia que siempre fue sagrada. Esos árboles ya fueron cuidados y venerados antes de que el primer rey de vuestra generación subiera al trono, por lo que ni su majestad ni yo tenemos derecho a torcer su destino. Seréis bien recibido como una visita, podéis disfrutar de nuestros árboles y sus frutos. Pero no serán vuestras tierras.

Rojo de ira, el rey se levantó del trono y enarboló su espada.

—¿Pero de qué derechos me hablas? ¿Sabes ante quién estás? Ninguno de tus venerados antepasados os dijo a qué punto puede llegar la cólera de un rey? ¡Nada me puede ser negado! Mis antepasados y yo mismo hemos dejado mil campos más grandes que el tuyo cubiertos de sangre y de cadáveres. No te alcanzaría la vista para llegar a contemplarlos. El honor de un rey está por encima de cualquier herencia, y si quiero algo lo tomo. Así que te lo vuelvo a repetir: o me vendes tus campos o mi furia hará que toda tu familia esté de luto.

El hombre su puso pálido pero dio un paso al frente, mientras asía la empuñadura de su espada.

—Su majestad me habla con ira de su propia ira, de la sangre y el llanto que dejó a su paso. Mas la cólera de un rey no es la misma que la de un hombre normal. La vuestra necesita países enteros para calmarse, para la mía es suficiente esta sala y los pocos pasos que hay entre su majestad y yo. Vuestra ira dejó campos cubiertos de cadáveres. En esta sala sólo quedarán dos, no lo dudéis ni por un segundo. Vuestra ira está movida por el honor, la mía también. Pero además poseo valor: y a buen seguro que le tocará a todo el reino estar de luto. Vuestra ira se expresa sobradamente fuera de nuestras fronteras, ahora haréis que estalle en vuestro reino. Guardad vuestra espada para que no tenga que sacar la mía.

El rey se dio cuenta que en aquel rostro había una decisión inquebrantable y comprendió la atrocidad que estuvo a punto de cometer. Era verdad: la cólera de un poderoso no puede igualarse a la de un hombre justo. Presentó sus disculpas a aquel súbdito tan lúcido y lo dejó partir.

PÓLVORA MOJADA

Hemos hablado de memorias de odio y de reacciones iracundas. La vida es un perpetuo saltar sobre escollos, de modo que no siempre estaremos enfadados contra todo y cargándonos de futuros odios.

Posiblemente estamos más acostumbrados a los enfados que al odio. Los sentimos casi a diario, tanto que ya nos acostumbramos a convivir con ellos.

¿Pero acaso los expresamos? ¿Les damos una salida? ¿Atacamos siempre al causante de nuestro disgusto?

Decididamente no ha de ser así. Vivimos conteniendo nuestras iras, a tenor de las úlceras, hipertensiones, cansancios, insomnios, cardiopatías y un largo etcétera de enfermedades que llenan las consultas de médicos y terapeutas.

Pero reconozcamos que tampoco el común de los mortales, por ejemplo los lectores de estas páginas, está enfrascado a diario en batallas vecinales, peleas callejeras, riñas, discusiones y otro largo etcétera de altercados que lindarían con lo delictivo.

Parece que hemos elegido vivir enfadados y a la vez reprimidos; hemos optado por la frustración y la inmovilidad.

Porque, lo queramos o no, la ira es más bien una reacción inmovilizante, nos ahoga y nos enrabia, pero no le damos cauce porque elegimos, a pesar de todo, la vía de la cordura. De allí que esos obstáculos nos produzcan más que nada frustración, impotencia e inmovilidad. Y por supuesto cansancio y debilidad.

Visto lo visto nos queda poco margen, salvo que aprendamos a actuar antes, de modo que la ira no llegue a perturbarnos. Si no podemos evitar la presencia de obstáculos, tendremos que aprender a minimizar sus efectos. Una vez más se trataría de convivir con ese enemigo interno hasta domesticarlo o, al menos, que no nos carcoma tanto.

El odio y la ira son resultados de nuestro pensamiento. Como dijimos, son el segundo momento de un proceso que se inicia con la percepción del obstáculo. No podemos controlar al mundo, ni tampoco aislarnos lejos de él, así que sólo nos queda el recurso de controlar las emociones.

Cambiemos de enemigo: ya no es el obstáculo en sí sino la emoción que nos provoca, de modo que si nos domina le estaremos dando armas para continuar su trabajo.

Por una vez no juguemos a los espejos: el amor, como el odio, surge de lo complementario, no de lo semejante. Como veremos en el capítulo pertinente, el mal amor consiste en tratar de apropiarnos del otro, de quitarle lo que tiene de distinto para igualarlo a nosotros.

Del mismo modo, el odio surge a menudo de una falta de aceptación de las diferencias. De allí que odiemos todo aquello que no se adecua a un modelo previo... algo que también habremos de revisar para saber si realmente lo hemos elegido o nos lo han impuesto.

¿Hemos pensado la cantidad de energía que perdemos a diario intentando que el mundo y la gente se amolde a nuestros modelos y deseos? Sin duda ese mundo es hostil, pero su hostilidad no es la nuestra.

Está claro que hay gente odiable, pero es su problema. No existen recetas para hacernos menos vulnerables, pero podemos jugar con la posibilidad de responder sólo a las situaciones inevitables, ya que muchas veces el enfado o la ira son simples costumbres.

En efecto: acudimos a la ira porque es más cómoda que una negociación. Creemos que somos más «personales» si gritamos y protestamos por todo, pero no es así. Tenemos el deber y el derecho de expresar abiertamente nuestras discrepancias, pero de forma constructiva y segura, con las personas adecuadas, en el momento preciso y con la justa intensidad. Las explosiones no sirven para nada, salvo para cortar la comunicación.

Ahora sabemos por qué sonreían los pastores:

El odio y el resto de su corte, cuando no parecen cosa de locos, son serios, oscuros, altisonantes y hasta solemnes.

Reducir su poder y relativizar su seriedad malsana sería una buena manera de introducir un poco de luz y buen humor en ese bosque del principio, ese que unas simples ovejas y dos pastores nos permitieron ver.

El último examen

Tras muchos años estudiando las leyes de los hombres y los dogmas de su fe, aquel joven se aprestaba a viajar a su primer destino: un pueblo muy lejano donde haría las veces de sacerdote y juez.

Una vez listo el equipaje se dirigió por última vez a casa de su maestro, quien había dispuesto para él la mejor estancia de su casa y cubierto la mesa con los manjares más exquisitos. Cuando ya habían degustado los postres, el alumno levantó su copa hacia el maestro y brindó con él.

—Habéis sido muy amable en invitarme, querido maestro —le dijo, pero me temo que este banquete fue algo excesivo. Me habéis preparado durante años para ser más bien frugal...

El maestro hizo un gesto de quitarle importancia y sonrió antes de contestar:

—Lo hice precisamente para que te despidieras por un tiempo de estas comodidades y desees volver a recuperarlas con tu trabajo. El futuro se forja si tus perspectivas son claras. Por eso quería advertirte sobre el lugar hacia donde te encaminas. Tendrás que hacer uso de toda tu paciencia hasta entender a los lugareños.

—¿Habéis estado allí, maestro? —preguntó ansioso el aprendiz—. ¿Cómo es esa gente?

El anciano asintió y mientras elegía unas uvas dijo:

—Tratarán una y otra vez de probar tu paciencia. Ten cuidado con ellos. No sabrás muy bien qué quieren. La mayoría de las veces sólo acudirán a ti por pleitos sin importancia, para intentar fastidiarte. Por eso te digo esto: contrólate y no te dejes engañar por pequeñeces. Sé paciente.

—Lo haré, maestro. Pero ¿qué más sabéis de ellos?

—No sé mucho; son como moscardones... zumban y zumban con el mismo sonido. Pero tú a lo tuyo: lograrás controlarlos si te mantienes indiferente a sus provocaciones. Todo dependerá de tu paciencia. ¿La tendrás?

—La tendré. ¿Pero cómo son? ¿Me respetarán?

El maestro se encogió de hombros y le sirvió más té.

—Posiblemente acabarás por convencerlos. Siempre que seas firme y sobre todo paciente. Son... no sé cómo explicártelo...

—Intentadlo, maestro. Os lo ruego —dijo el futuro juez con evidente nerviosismo—. Me interesa mucho saber exactamente con qué clase de gente habré de encontrarme.

—¡Ay, muchacho! —meneó la cabeza el tutor—. Las personas no son tan diferentes. Todo depende de cómo las veas tú. Por eso te repito que...

—Que sea paciente. Eso ya me lo ha dicho, maestro. Pero hay algo más que sabéis. Estoy seguro.

El maestro suspiró, se llevó la taza a los labios y sorbió el té en silencio. Después esperó unos minutos con la vista perdida en el vacío.

—Sí, claro que sé algo... Pero no sé si... —pareció dudar unos segundos, chasqueó la lengua y se aclaró la garganta—... no sé si debo advertirte o mejor esperar que lo compruebes tú. Hay algo que... en fin, creo que lo sabrás si eres capaz de ser paciente.

Incapaz de controlarse más, el joven dio un salto que estuvo a punto de hacer caer su taza de porcelana.

—¡Ya lo sé! ¡Ya está bien! ¡Me habéis repetido cien veces lo mismo: que sea paciente! ¿Acaso ahora me creéis un imbécil incapaz de entenderlo?

El maestro dejó la taza sobre la mesa y sonrió, ahora sí, con toda franqueza.

—Lo que creo es que con esa ira no durarás mucho en el cargo. No tengo ni idea dónde está ni cómo es la gente de ese pueblo. Sólo estaba tratando de saber si en realidad estás preparado para enfrentarte a cualquier problema, si sabrás solucionarlo con paciencia o con arrebatos. Sólo te lo he dicho unas seis veces, así que me temo que tendrás que ejercitarte un poco más en...

—En ser paciente... —dijo el humillado alumno—. He entendido vuestra última lección, querido maestro. No la olvidaré.

Los hombres se despidieron poco después con un apretado abrazo.

Sin duda el alumno desempeñó muy bien y con paciencia sus labores de juez y sacerdote, porque jamás quiso volver de aquel pueblo donde fue bendecido por generaciones gracias a su sabiduría y justicia.

Octava estación: *Amores y amantes*

AMORES SIN CUENTO

Los que estén deambulando por este tren a la búsqueda del amor no lo encontrarán: no habría bastante tren para contenerlo, ni vías para tantos trenes, ni paisajes para tantas vías, ni países para tantos paisajes.

Por lo tanto no hablaremos del amor, esa palabra que de tan traqueteada se nos ha vuelto una suerte de *superstar*: todo el mundo cree conocerla pero sigue esquiva, voluble y tan antojadiza que sus avatares y definiciones llenan bibliotecas tan grandes como países.

Más bien hablaremos de cosas más pequeñas, casi ínfimas, de las que por cierto fuimos salpicando el viaje aquí y allá. En vez del «Amor» con mayúsculas (el que sí aparece en los cuentos) hablaremos de amores menores o, si lo queréis, de algunos matices, de ciertos destellos que no tienen que ver con los grandes amores contados sino precisamente de los que no tienen cuento. En resumen, vamos a echar un vistazo a lo que ocurre justamente cuando no llega, o cuando estuvo y se fue, o cuando parece que está pero hace mucho que se ha ido.

Pero antes tres aclaraciones que sí vienen a cuento:

Muy escueta la primera: de todos los amores posibles sólo tenemos sitio para hablar del amor hacia otra persona, del amor en una pareja, como quiera que esté formada. La segunda se deriva de la primera: en una pareja, el «otro» no es nuestro espejo sino un complemento. Así que de vez en cuando, y especialmente cuando hay problemas, conviene ponerse por unos instantes en su lugar o, si lo queréis, comprobar por unos segundos si nos puede amar tal como estamos siendo en ese momento.

Y la tercera: al menos en sus inicios, el amor no tiene nada de tranquilo ni pacífico. Es un puro desequilibrio y quien diga lo contrario es porque en su vida lo conoció. Se necesita tiempo y mucha generosidad para que dos personas traspasen los torbellinos del enamoramiento y lleguen a la armonía y la serenidad de un largo amor. Eso sí que es posible y sin duda maravilloso. Esto es algo bien sabido para el común de nuestros lectores, pero lo reiteramos porque no hablaremos de amores perfectos sino justamente de los que podrían llegar a serlo. Claro que, como ya habréis comprendido, los cuentos seleccionados son otra cosa...

De allí que los pasajeros que bajarían en la próxima estación de ánimo en busca de curación están repartidos por todo el tren: hay amores perdidos por culpa de celos y envidias, por exceso de timidez o por superávit de egolatría; amores muertos por la ira o renacidos por la enfermedad, amores nacidos de un fracaso y anulados por el éxito. En fin: hay amores para todos y cada quién tiene derecho a su media naranja, aunque como preconizamos desde ya: el amor verdadero no es la unión de dos mitades sino de dos naranjas enteras...

El amor vuela

Como los mayores daban demasiadas vueltas con la respuesta, las cuatro niñas decidieron preguntarle a su sabio preceptor.

—Maestro, dinos qué es el amor. Nuestros padres nos responden que lo sabremos cuando seamos mayores. ¿Acaso es algo malo?

—No es nada malo, mas tampoco ellos están equivocados. No sabréis qué es el amor hasta sentirlo. Pero, mientras, podemos aprender algo para reconocerlo. Mañana os daré un regalo.

Al otro día el preceptor les entregó cuatro pequeñas jaulas con un pájaro en cada una.

—Son para vosotras, pequeñas. Cuidad cada uno el vuestro. Como veis, son pequeños, alegres y saben cantar. No quiero saber nada de ellos

hasta que os lo pregunte personalmente. Pero sobre todo: que cada una cuide el suyo.

El tiempo pasó, y entre clase y clase el maestro vio que los rostros de las niñas cambiaban cada día. En sus gestos y miradas notaba alternativamente la felicidad, la preocupación, la melancolía o el júbilo; a veces todas parecían tristes o las cuatro eran una explosión de alegría. Cuchicheaban entre ellas y era evidente que se morían por contarle algo. Tras un par de meses, en los que vio en las niñas el paso de todos los sentimientos, les pidió que al día siguiente trajeran sus jaulas.

La primera en hablar fue la que parecía más contenta con el suyo. Lo había puesto en una jaula más grande, con sus pequeños columpios para saltar y tacitas con agua para beber.

—Veo que tu pajarito está muy bien acostumbrado a su nueva jaula. Está gordo y parece saludable. Mas no oigo que cante —dijo el tutor.

—Es verdad. No me había dado cuenta —respondió la niña—. ¡Parece tan contento!

—Es evidente que lo quieres. El amor es cuidar a quien amamos, pero también hay que escuchar y saber qué quiere de nosotros. Posiblemente esté agradecido por lo que haces por él, aunque no estoy seguro de que esté muy a gusto, ya que por alguna razón ha dejado de cantar.

La segunda le mostró la suya, en la que el pajarillo había crecido notablemente; estaba bastante gordo y apenas podía moverse en su pequeña jaula.

—Veo que el tuyo está bien alimentado, diría que demasiado. Y tampoco canta. Parece que para ti el amor es dar en exceso, lo que a la larga no será bueno para ambos. Le has dado tanto de comer que este animalito ya no podrá salir de su jaula y tendrás que romperla si quieres liberarlo. Está incómodo y de mal humor. Míralo: lo suyo es simplemente esperar; no le has enseñado a hacer otra cosa. Haz como tu hermana: dale más espacio y menos comida. Tal vez acabe cantando para comunicarse contigo... o porque es más feliz. Tú también tendrás que aprender a observarlo: quizás quiera otra cosa.

La tercera le mostró su jaula vacía, y entre sollozos le contó que quería tanto a su mascota que cada día la sacaba de su jaula y la tenía un rato en sus manos. Pero un día pensó que tenía frío y la cobijó bajo su abrigo, y cuando quiso darse cuenta había muerto.

—No llores, pequeña —dijo el preceptor—. A veces el amor es como un pajarito en nuestras manos: si la abrimos demasiado echa a volar; pero si lo apretamos mucho se muere. Te regalaré otro y ahora sabrás cómo cuidarlo. El pobrecillo ya te ha enseñado lo más difícil del amor.

La cuarta niña también le mostró su jaula vacía, pero la expresión de su rostro no era de tristeza sino de pícara alegría.

—¿Y tú qué me cuentas? —preguntó el sabio.

La niña le hizo un gesto de silencio y se acercó a la ventana. La abrió, sacó un puñado de granos del bolsillo y lo esparció en el alféizar. Unos segundos después, cinco o seis pajaritos se posaron allí y no dejaron un solo grano. Después volaron a un árbol cercano, desde donde llegó hasta la habitación un concierto de gorjeos y silbidos.

—¿Uno de esos es el tuyo? —volvió a preguntar el maestro.

La niña asintió.

—El mejor amor es el que se vive en libertad. Cada amor es diferente, pero a la vez ese amor es único. Espero que lo hayas hecho porque has comprendido que amar a un animalito no es lo mismo que el amor entre ellos. Lo has dejado en libertad para elegir, y creo que ha hecho amigos y tiene pareja, pero también te quiere a su modo y te devuelve amor en su canto. Si llegas a amar así serás feliz.

AMORES PROPIOS

Parece que buena parte de los sinsabores del amor suceden porque uno de los integrantes de la pareja no acabó de entender muy bien, por exceso o por carencia, aquello de amar al otro como a sí mismo.

Si es por carencia, posiblemente no pueda llevarse bien con el otro por pura dependencia, complejo de inferioridad, autodesprecio o miedo.

Si es por exceso, en su pareja tendrá algunas molestias derivadas del orgullo, la vanidad, el egoísmo, la inmodestia, la soberbia, la altivez o el narcisismo.

En una palabra, el funcionamiento correcto de la autoestima es vital para la pareja.

Sabemos que el prefijo «auto» está muy vapuleado y usado en estos últimos tiempos. Nada parece posible si antes no nos echamos una mirada interior para ver cómo andamos con nuestra propia imagen, y si ella nos da permiso para conectarnos al mundo. No está mal, si pensamos en que desde pequeños nos han enseñado a ser bien educados, humildes, serviciales, obedientes, callados, conformistas y pacientes frente a todo lo que se negaba a aceptar nuestro yo, o sea el auto... lo que sea. ¡Como para no andar confundidos!

Posiblemente, de aquellos tiempos nos quedó la idea de que dependemos para todo de la aprobación ajena, incluso para amar. Pero justamente es todo lo contrario: para amar como corresponde de ninguna manera necesitamos de esa aprobación, una palabra que además suena a examen o evaluación.

Pues sí: el deseo de agradar es una cosa, y la necesidad de transformarnos para que nos quieran es otra. Uno elige a otro por lo que es, con sus defectos y virtudes, de modo que, al menos en los inicios, uno debería mostrarse al otro tal como es, sin necesidad de disfraces. Sería como ofrecer una imagen que no somos capaces de mantener y que suele provocar no pocas decepciones.

Hay quien cambia de aspecto y de modo de ser tan a menudo que lo único que se nos ocurre pensar es que vive insatisfecho consigo mismo, que no se ve bien... que no se quiere. ¿Cómo entonces estará en condiciones de amar a otro? ¿Serías capaz de amar a alguien que vale tan poco?

Una cosa es la propia valoración, que siempre debería ser benigna, no nos queda otra. Ello supone que siempre estamos tratando de mejorar por nosotros mismos y porque el deseo de perfección es propio de la naturaleza humana. Pero otra cosa son las actitudes y las valoraciones ajenas. O sea que nuestra autovaloración no se basa en opiniones ajenas; en todo caso sólo en la parte que podamos tolerar, que siempre ha de ser muy pequeña.

En resumen, la caridad (y el amor) empiezan por casa. Y la autoestima es una, y la autovaloración otra. Puedes valorarte, pero nunca subestimarte, porque entonces no estarás en condiciones de amar y que te amen.

Tu cara, tu cuerpo y tus olores son tuyos. Y si no te agradan y te provocan inseguridad, busca mejorarlos, aunque también es posible que a tu «complemento» le gustes como eres. En esencia, uno no es desagradable más que para aquellos que tienen cierta idea de lo agradable, pero no para todos. Así que, queridos viajeros: manteneos orgullosamente firmes en lo que sois, y al que no le guste que mire hacia otro lado. Pensad que para ser amado no hace falta, de ninguna manera, ser humillado.

Antes de seguir, echemos un vistazo a los que pecan por exceso, a los que se pasan de la raya en eso de amarse a sí mismos y van repartiendo a los cuatro vientos lo maravillosos, exquisitos y exitosos que son. A su manera también están pidiendo amor, pero por un camino contrario al anterior. Su mensaje sería, más o menos, el siguiente: «Si no me amas, tú te lo pierdes».

El narcisismo está de moda, no lo neguemos. Pero podemos quedarnos tranquilos porque estas páginas no las leerán ni «ubersexuales» ni «superwomans» de última generación. Hay gente que no subirá a este tren porque se ha nutrido en exceso de esos «autos» y los tienen tan arraigados que sería difícil que puedan compartir su burbuja de perfección con unos simples viajeros .

Reflejos

Ha muerto Narciso. Lloran los bosques, los pájaros y las ninfas; ya no habrá un ser más bello sobre la Tierra. Pero quien más llora es el estanque donde cada día se miraba; tanta es su tristeza que sus dulces aguas son ahora saladas como las lágrimas.

—Te entendemos —sollozan las ninfas, soltándose los cabellos para acariciar el remanso mientras entonan cánticos de consuelo—. ¡Era tan hermoso!

—¿Lo era? —gime el estanque con asombro.

—Nadie como tú pudo saberlo mejor. Recostado en la orilla pudo mirarse en tus aguas que reflejaban su belleza. ¡Quién pudiera haberlo tenido tan cerca!

—Lo amaba, sí. Y mi llanto es por su ausencia: cuando se inclinaba hacia mí podía ver en sus ojos el reflejo de mi propia hermosura. ¿En quién me veré ahora?

Desear de forma constante el elogio de la pareja crea una dependencia mutua que suele acabar con la anulación del más débil, especialmente si el admirado es, además, despreciativo.

No deseamos extendernos más en quienes, sin duda alguna, están triunfando gracias a su vanidad, egolatría, soberbia y demás excesos de su altísima autoestima. Tienen demasiados «autos»... Preferimos charlar con los que van en este tren y llegaron a la estación con sus dudas... y sin «auto».

CUANDO EL AMOR NO LLEGA

Todo lo anterior nos sirve para centrarnos en ciertos pasajeros que se quejan porque no tienen amor. Pero una cosa es que no llegue y otra que no lo dejemos llegar: hay personas que simplemente tienen miedo de amar o de ser amados. Hay más literatura de lo que hace sufrir el amor que de lo contrario. Pero no siempre tiene por qué ser así.

Hay muchas definiciones del amor, pero en casi todas se suele insistir en dos aspectos fundamentales: en que se trata de una relación de complementariedad interpersonal, y en que sus integrantes de algún modo se sienten más positivos y dispuestos a compartir lo mejor de su mundo interior. El amor invita a volcarse hacia fuera.

Pero puede suceder que, por los motivos que venimos exponiendo, no queramos compartir lo que tenemos dentro, sea lo que fuere. Estamos demasiado satisfechos o, por el contrario, no acabamos de aceptarnos a nosotros mismos. En ambos casos, no estamos dispuestos a desnudarnos ante otro. El amor pide que ciertas emociones puedan ser transmitidas, por lo que al bloquearlas también estaremos cortando la posibilidad de una relación.

O sea que tenemos miedo de que, al acceder al amor, el otro vea en nuestro interior lo que no queremos mostrar, o nos quite lo que deseamos conservar.

Así pues, hay quien suele pecar por exceso: exige tanto al amor que nadie parece cumplir sus requisitos. Es como el de aquellas princesitas que, en realidad, para no casarse, exigían proezas imposibles a sus entregados pretendientes. Sólo que en este caso todavía es peor: aquí la princesita o el príncipe tienen una lista previa de condiciones que, de forma adrede, vuelven imposible cualquier conquista.

En ambos casos, por baja estima o por demasiada exigencia, estos pasajeros han logrado mantener a raya (en su interior) sus miedos y prevenciones; el temor a la pérdida de ese difícil equilibrio mantiene alejados (en el exterior) a los posibles candidatos al amor.

Simplemente habría que decirles que el amor no exige más pérdidas que aquellas que no tiene sentido conservar. El enamoramiento, como dijimos, provoca toda suerte de intranquilidades y desequilibrios; pero también es cierto que pocos continúan en ese entusiasmo de forma perpetua. El amor es también estabilidad afectiva, generosidad y permanente recreación.

Por ello también conviene tener claro que el amor, en principio, no tiene por qué ser sinónimo de convivencia ni de sexo. También son esquemas preconcebidos que han frustrado en más de una ocasión la posibilidad de acceder al amor. El único riesgo es que se pierda o que se acabe. Pero como ya se dijo, si se pierde es porque no vale la pena conservarlo, y eso nunca lo sabremos si no lo dejamos llegar. Y la única retribución es que poniéndole trabas al amor nos estamos permitiendo seguir cómodamente instalados en lo que somos, independientemente de que nos sintamos felices.

La princesa enamorada

Como casi todas las princesas de casi todos los cuentos del mundo, la de éste estaba triste, pero además era la más melancólica de todas.

Sus padres hicieron lo mismo que todos los reyes: llenarla de regalos, llamar a los juglares y decepcionarse con los médicos, hasta que por fin, cansados de todo, decidieron preguntarle a ella misma. Entonces descubrieron que la chica estaba enamorada.

—¿Pero de quién? —preguntaron al unísono los padres.

—No lo sé —respondió la princesa y se echó a llorar.

Los reyes se miraron consternados y confundidos, pero tras un rato de conversación y más llanteras lograron averiguar algo. Al parecer, un tiempo antes había pasado por la corte un juglar, quien cantó una bellísima canción en la que hablaba de la triste historia de una princesa enferma de amor por un príncipe al que sólo vio una vez a través de una pequeña ventana, mientras éste pasaba en medio de otros cien caballeros que iban a la guerra.

Los reyes se volvieron a mirar consternados. ¿Y qué tenía que ver la tristeza de la princesa de la canción con su tristeza?, le preguntaron.

—Lloro porque ahora sé que hay un hombre en el mundo capaz de enamorar así a una mujer —respondió la princesa, como si aquello fuese lo más lógico del mundo.

De modo que los reyes decidieron hacer lo que suele hacerse en casi todos los cuentos: prometer una suculenta recompensa, y en todo caso la mano de la heredera, a quien pudiera dar un dato fiable sobre cierto príncipe que, con otros cien caballeros, pasó rumbo a la guerra debajo de cierta ventana donde había una princesa que enfermó de amor.

Lógicamente, aquel tema era cosa de juglares y poetas trashumantes, de modo que a partir de entonces pasaron por la corte todos los artistas de este género y de otros cercanos como titiriteros, magos, domadores, y funámbulos, a quienes entre cantos y cuentos se les preguntaba siempre lo mismo.

Así fue que por un tiempo, mientras se ocupaban en sus reales faenas, los padres creyeron que la muchacha estaba mejor, puesto que mientras daba con el hombre de sus desvelos el programa de actuaciones palaciegas ya estaba cubierto al menos durante un año.

Pero hete aquí que, un día, los padres fueron llamados con urgencia desde las habitaciones de la princesa, quien se había desmayado durante una velada y estaba al borde del colapso nervioso. ¿Qué había pasado?, preguntaron desesperados.

Al parecer, otro artista ambulante había cantado una preciosa y tristísima canción sobre una princesa que enfermó de amor cuando supo que su amado caballero había muerto en la guerra. Mas confundidos y atribulados que nunca, los reyes llegaron a la conclusión de que su hija no seguía enamorada más que de un fantasma, y lo peor era que ahora ese fantasma había muerto.

De modo que resolvieron cortar por lo sano y, mientras confiaban en que el paso del tiempo llevara a buen fin el duelo de la muchacha por el príncipe inexistente, tendrían que inventar el cargo de censor artístico.

Desde entonces, y mientras la tontísima princesa espera la llegada de un nuevo amor, en el palacio sólo se cuentan historias con final feliz.

O sea que... Si quieres seguir siendo el mismo y estás contento con ello: no ames. Si quieres seguir dándote pena y suscitando la compasión ajena: no ames. Si no quieres crecer: no ames. Y si amas demasiado a alguien que, a pesar de todo lo que has hecho para que se fije en ti no lo hace, no insistas: su elección es un indicio de cómo es esa persona, no tú. De igual manera, si finalmente lo consigues, para ti mismo sigues valiendo lo mismo. Es el otro quien ha elegido.

LAS TRAMPAS DE LA DEPENDENCIA

Cuando el deseo de agradar se vuelve una necesidad estamos ante un verdadero peligro: la dependencia amorosa.

Cualquier mensaje positivo de la persona amada nos hace felices, qué duda cabe. Pero algo distinto ocurre cuando esos mensajes se vuelven tan importantes que su ausencia nos derrumba. Es como una droga que nos mantiene atados a la persona amada, aunque más bien cabría decir a la que se es adicta, a la que se necesita tanto que la consideramos indispensable para seguir viviendo.

Un adicto afectivo es capaz de soportar humillaciones, malos tratos y toda clase de menoscabos a su persona con tal de mantener un lazo que considera afectivo, pero que más bien es enfermizo y de dependencia psicológico-amorosa.

Son personas que confunden el amor y el deseo con una necesidad imperiosa de mantener la seguridad del lazo y la posesión, incluso a costa de perder la propia identidad: «No son mientras no están con...», lo que es una forma solapada de esclavitud y quién sabe de qué terrores que ni siquiera conocen.

En cierta manera, amar con este tipo de dependencias se relaciona con el amor a uno mismo: el que lo tiene en exceso practica con el otro la dependencia activa a través de exigencias, celos y agresiones. El que carece de autoestima es más proclive a la dependencia pasiva a través de la sumisión y la docilidad. Como siempre, nuestros errores son a la vez nuestros espejos. Nuestros amantes nos tratan como les hemos enseñado a tratarnos.

Por el contrario, el amor debería mantenerse con seguridad, independencia y falta de posesividad, cuestiones que las personas aquejadas de celos confunden con indiferencia o falta de amor. La necesidad permanente de manifestaciones amorosas los hace frágiles, proclives a la depresión o a la ira y especialmente vulnerables. Es posible que estas personas carezcan de otro tipo de seguridades, salvo las que vienen desde el exterior, del bienestar que les provee ese «fármaco» encarnado en la pareja.

Su evidente inmadurez será proporcional a la cantidad de afectos que necesiten para sentirse bien, considerando que a veces puede provenir de más de una persona, de varias e incluso de muchas. Como veremos en el vagón de la amistad, o como quedó dicho en el de los famosos, los muchos amigos y admiradores (no importa si son verdaderos o hipócritas) son casi una garantía contra posibles fracasos, contra futuras soledades.

El verdadero amor debería ser el que se ejerce sin miedo.

Una bella historia de amor

En aquel matrimonio, el amor había pasado por casi todas las pruebas posibles y siempre había vuelto. Quizá nunca se fue del todo, pero también es cierto que más de una vez tuvieron que bregar mucho para volver a encontrarlo.

Así pues, la vejez llegó a ellos con su equipaje de achaques y molestias, pero también con sabiduría y serenidad. Poco tenían que hacer, pero lo que más estimaban era sentarse frente a una ventana que daba al jardín. Se tomaban de las manos y por largas horas recordaban no sólo los tiempos felices sino especialmente los malos, aquellos en que los celos o las confusiones habían estado a punto de separarlos. Y entonces se decían que su amor (y quizás el amor) no fuera un milagro, sino que el milagro consistía, precisamente, en tener el valor de conservarlo.

—Hemos sido valientes... —acababan suspirando a dúo, y cada uno sabía por qué.

Y también solían preguntarse qué era lo más añorado, o qué les había quedado por hacer y darían cualquier cosa por intentarlo. Lo pensaban, inventaban historias y bromeaban, aunque a la hora de la verdad cada uno concluía en el mismo deseo.

—Me hubiese gustado tanto tener un hijo —decía ella.

—Me gustaría ser joven para volver a intentarlo —decía él.

Pero si la naturaleza había hecho sus trampas en secreto, el tiempo

jugó con sus cartas a la vista, de modo que la vejez los encontró unidos y sin descendencia.

Mas en aquel amor aún faltaban ciertas pruebas. Una mañana llegó hasta la casa una música de campanillas y tamboriles; tardaron un rato en discernir que no se trataba ni de una caravana de gitanos, ni de un circo, ni de vendedores ambulantes, así que como cualquier novedad valía la pena, se tomaron del brazo y bajaron hasta el camino.

Un poco después vieron que se acercaba un carromato verdaderamente pintoresco. Nunca habían visto nada así, tan lleno hasta los topes de objetos y trastos a cuál más extraño, una especie de conjunto heterogéneo de pequeñas máquinas y artefactos que daban la impresión de estar en perpetuo funcionamiento. Unos subían y bajaban, otros bufaban y largaban humo, otros giraban sobre sí mismos; había ruedas, manivelas, engranajes y poleas que se movían aquí y allá produciendo aquel sonido inverosímil, como el de una orquesta absolutamente desconcertada.

Pero lo más insólito era que no se veía nadie a la vista: ni arriba, ni abajo ni a los lados. Aquel objeto con vida propia siguió avanzando lentamente hasta situarse frente a la asombrada pareja de ancianos... y allí se detuvo. Y el sonido también, de forma tan repentina y absoluta que el silencio fue como un estallido. Los ancianos se miraron interrogantes; no se oía ni siquiera el rumor de la brisa entre los árboles. Pasaron unos minutos y aquello no se movía ni emitía sonido alguno. La mujer estaba a punto de cuchichearle algo al esposo cuando de pronto los sobresaltó un estentóreo bostezo que venía desde la parte de atrás. Fue como un trompetazo: el bostezo más estruendoso que jamás hubieran escuchado. Si no supieran que los animales no conducen carromatos habrían salido corriendo porque aquello sólo lo habían oído en boca de algunas bestias que solían llevar en los circos.

Con mucha cautela rodearon el mamotreto y allí vieron «aquello». Era un ser tan raro como el vehículo: recostado entre cojines había un hombre de edad indefinible, inmensamente gordo y semidesnudo, frotándose los ojos con absoluta parsimonia. Cuando se quitó las manos de la cara vieron que tenía los rasgos de un niño: cachetes sonrosados, piel tersa y ojos pícaros rebrillando entre una mata de rizos rubios.

—¡Ah, sois vosotros! —dijo como si los conociera desde siempre, mientras tomaba una flecha de un carcaj que colgaba a su lado y comenzaba a rascarse los dedos del pie, a los que su gordura seguramente le impedía llegar—.Tengo por aquí algo para vosotros...

Resopló y, sentado como estaba, hurgó a un lado y al otro hasta que dio con un par de frascos. Los miró y después contempló a los ancianos, que esperaban entre divertidos y asombrados.

—Caramba... —resopló otra vez, casi ahogado por el esfuerzo—. Las dos botellitas llevan la misma inicial. ¿Quién es «A» ...y quién es la otra «A»?

—Los dos somos «A»... —dijo el anciano.

—Pues vosotros mismos —dijo el del carromato alargándoles los frascos—. Hay uno con más y otro con menos.

—¿Más o menos qué...?

El otro se encogió de hombros, bostezó y el carro comenzó a temblar, los mecanismos a girar y en un par de segundos aquella masa de engranajes y poleas comenzó a moverse otra vez, lanzando aquel sonido escandaloso. El gordito de rizos dorados comenzó a decirles algo pero era imposible escucharlo. «¿Qué hacemos con esto?», gritaron los ancianos, tratando de correr detrás. El otro también gritaba y hacía señas como de beber... oyeron palabras sueltas... «amor»... «deseos»... pero el carro se alejaba cada vez más rápido y ya era imposible oírlo. Unos minutos después reinaba otra vez el silencio de siempre.

Muchos días pasaron los ancianos haciendo lo de siempre, comiendo lo justo, durmiendo cuando había que dormir y sentándose cada tarde frente a la ventana. Pero ahora estaban aquellos misteriosos frascos, con sus iniciales talladas en un finísimo cristal, entre cuyos trabajados arabescos se veía un líquido ambarino. Uno con un poco más que el otro, como dijo el del carromato.

¿Un veneno? ¿Un elixir? Mil veces rememoraron cada uno de los detalles de esa mañana. ¿Quién era? ¿Qué dijo? Evidentemente sabía quiénes eran ellos. ¿Pero qué quiso decirles? ¿Quién lo envió? ¿Qué fue lo poco que oyeron? ¿Había que beberlo? ¿El amor... el deseo? Finalmente llegaron a una conclusión: no podían dejar aquello así como así. Estaban viejos y lo sucedido no era una simple casualidad. Debían saber para qué era ese líquido, aunque tampoco convenía apresurarse. Quizá, si uno probase un poco mientras el otro esperaba...

«Tú eres más ágil y puedes ir a buscar al médico. Lo haré yo», decía ella. «Pero tú sabes más que yo de hierbas y tisanas. Lo haré yo», insistía él. Pero en el fondo se protegían uno al otro, de modo que los días pasaban y las ampollas seguían allí.

Pero la curiosidad femenina pudo más, o posiblemente su coraje fue mayor, lo cierto es que la anciana se levantó en medio de una noche cualquiera, cogió el botellín más pequeño, bebió un sorbo y volvió a acostarse junto a su marido.

Durmió de un tirón toda la noche y cuando despertó se sentía mejor que nunca. Abrió los ojos y se encontró con los de su esposo muy cerca de su rostro. Él sonreía con ternura y le acariciaba el rostro. «Lo has probado, picarona», le susurró. Ella lo interrogó con la mirada y él le alargó un espejo.

La mujer dio un brinco y lanzó un grito. Era otra quien la contemplaba en la imagen: era otra y ella misma, pero con veinte años menos. Su piel había rejuvenecido, y también sus cabellos, sus huesos y su carne. Latían sus músculos con sangre nueva y sus huesos eran firmes como antes. Se abrazaron, lloraron juntos y forjaron mil proyectos; reían y se miraban; hablaban juntos y luego callaban a la vez; sus cabezas bullían y las manos se enredaban en caricias. La tarde los sorprendió en el mismo sitio, sentados al borde del lecho y sin saber qué hacer ni cómo seguir adelante con aquella locura.

Después de mucho discutir llegaron a la conclusión que les pareció más lógica. Harían como si nada hubiese pasado y ella tomaría otro sorbo esa misma noche. Si todo seguía igual, le tocaría el turno a él.

Por la mañana, una chica de veinte años andaba de aquí para allá moviendo trastos y sacando el polvo a los muebles, corriendo cada cinco minutos a mirarse en el espejo mientras un anciano de ochenta años la miraba arrobado desde la mecedora. «No veo la hora de que lo hagas», decía ella cubriéndolo de besos. «Ya veremos», decía él con una sonrisa. Esa noche se fueron a dormir como siempre, con las manos unidas bajo las sábanas. Él esperó un rato y se levantó a escribir una última carta para

su esposa. Tenía que hacerlo por ella, por sus sueños, porque la amaba demasiado como para dejar que sufriera otra vez.

La despertó un sonido extraño. Estaba amaneciendo y él no estaba a su lado. Sobre la mesa había una carta y la ampolla vacía.

—¡No! —gritó ella sin acabar de leerla.

Pero otro grito ya la reclamaba desde la otra habitación. Allí, entre unas sábanas bordadas que nunca llegaron a usarse, estaba él. Ella se arrodilló llorando junto a la cama. Él también lloraba, pero de su viejo amor no quedaba un solo recuerdo. Tal vez ese hambre que hace llorar a los recién nacidos.

CUANDO FINALMENTE SE HA IDO

Como dijimos en la introducción a este apartado, la pérdida del amor está acompañada, antecede o provoca estados y sentimientos ya tratados como la depresión, los celos, la culpa, la ira, la pérdida de autoconfianza, la soledad, las enfermedades o la vergüenza.

No los trataremos aquí, como tampoco el caso de ciertas parejas en las que el amor se ha ido pero se mantienen unidas por motivos de presión social, económica o familiar. Es una excusa que simplemente nos pide respeto y silencio.

Tampoco abordaremos los motivos y las probables salidas a las crisis de una pareja: de independencia, de incompatibilidad sexual, por desgaste, por infidelidad, por monotonía o inmadurez. En cualquiera de estos casos siempre existe una solución. Si la pareja quiere, claro.

Más bien nos gustaría encontrar un par de pistas que nos permitan pensar que la pérdida del amor duele y produce duelo, pero no debe perpetuarse.

En pocas palabras: el amor se ha ido... ¿y ahora qué?

En primer lugar habrá que convencerse de que realmente el núcleo de nuestro dolor, el meollo de nuestra sensación de pérdida, no está en nada que se relacione con lo enunciado más arriba: la culpa, la vergüenza, la pérdida de prestigio, el deseo de venganza, las compensaciones, el descenso de la autoestima...

Y en segundo lugar, será bueno pensar que por lo único que estamos dolidos es porque alguien que queríamos ya no está en nuestras vidas; que por el motivo que sea ninguno de los dos hará nada por el otro en relación con el amor, lo que no quiere decir que no podamos relacionarnos con esa persona por otras razones como la amistad, los hijos, los bienes comunes o la solidaridad...

Y que, fundamentalmente, no nos separamos de esa persona con odio sino porque las posibilidades mutuas de darse amor se han acabado de forma irremediable. Lo que de ninguna manera quiere decir que pasemos automáticamente a la indiferencia. El amor puede irse, pero queda la estima, el cariño, el aprecio o el afecto. En algunos supervive el sexo, pero se nos ocurre que se trata de otro tipo de dependencia.

Dicho esto, lo primero que se nos viene a la cabeza es que, si la pérdida es querida, habrá que hacer más o menos lo mismo que ante un duelo: despedirse de esa persona y esperar la inevitable curación del tiempo.

Además, ¡hemos recobrado la independencia psicológica! Parece un contrasentido, puesto que afirmamos que el amor verdadero descansa en la unión de dos personas que eligen vivir juntas conservando su libertad. Pero aún así, la armonía de una pareja descansa también en no pocas cesiones y abundantes momentos de negociación.

Cuando se va el amor eso se acabó, y en adelante sólo habrá que negociar con uno mismo. Esto produce en muchas personas un vacío semejante a la amputación: durante tanto tiempo han pensado «por dos» que resulta difícil volverlo a hacer «por uno mismo».

Por ello, una buena táctica es darse un tiempo de «curación» antes de comenzar una relación nueva. Las personas que amamos dejan una huella, pero es su huella, y tendemos naturalmente a pretender cubrir ese molde con alguien semejante. Además de imposible esto puede ser frustrante para ambos. Las huellas anteriores, como los huecos en una piedra, sólo se cubren con las hojas secas y el musgo del tiempo.

Aprovechemos pues este período entre dos relaciones para hacer balances, para evaluar lo que pedimos y no se nos dio, y viceversa; para recobrar amigos y conocer otros; para disfrutar de la soledad y la intimidad; para experimentar todo aquello que, por alguna razón, dejamos de lado en pos de la armonía con nuestra pareja.

Cuando estén a punto de bajar en esta estación, quizás algunos pasajeros quieran recordar tres frases que me gusta repetir y que, no siendo mías, las hice propias:

- Cuando una puerta se cierra, seguramente otra se abrirá.
- El amor no suele irse porque sí: más bien lo dejamos ir (a veces con cierto alivio).
- Y dejarlo ir es una forma de reafirmar con orgullo: «¡pues yo me quedo!»

Novena estación: *Amigos y conocidos*

EL VAGÓN DEL DIÁLOGO

Es un vagón extraño, desde luego. Tiene dos compartimentos pero aquí todo el mundo va de uno al otro, cambia impresiones en los pasillos, bromea y ríe. Incluso si no hubiera ventanillas ni se darían cuenta, tan interesados están en comunicarse y compartir.

Además las sorpresas vienen de lejos, porque ha sido uno de los vagones más solicitados y el que primero se llenó, aunque como es habitual puede que alguno de sus ocupantes esté en el sitio equivocado.

Así que, para asombro de muchos, en este sitio se han juntado en agradable confusión los que querían aclaraciones sobre la amistad y los que simplemente querían hablar de sexo, aunque la verdad es que casi nadie se ha tomado a mal este ir y venir de tertulianos. Al fin y al cabo, basta abrir un periódico o entrar a uno de esos sitios de encuentros en la red para que no tengamos muy claro si los anunciantes quieren una cosa o la otra; o las dos, después de negociar el orden, claro...

Por eso más de uno se preguntará si la amistad o el sexo no tendrían que hablarse en el vagón del amor. Pero como lo intentaremos aclarar, partimos de que es posible el sexo sin amor y viceversa; obviamente la valoración de estas posibilidades es una cuestión personal y dejemos claro desde ya que la nuestra está a favor del sexo con amor.

Por su parte, la amistad es una especie de amor, y éste no se concibe sin la otra. Por lo tanto hablar de ambos a la vez sería de una imperdonable obviedad.

Pero por lo que romperíamos más de una lanza es por la defensa del sexo como un acto de amistad superlativa. En otras palabras: la amistad no tiene por qué derivar en sexo (y en ciertas circunstancias es mejor que no lo haga, ya lo veremos), pero en éste no debería faltar, como mínimo, alguno de los ingredientes de la amistad: solidaridad, aceptación, complicidad, adaptación, comprensión, afecto... de tal modo que la relación implique siempre un acuerdo con otro, que en este caso es la única preposición/proposición adecuada.

Hecha la salvedad, ignoraremos por un momento la realidad, que siempre acaba imponiendo sus leyes, y vamos a dedicarnos en este compartimiento a charlar sólo sobre la amistad y en el siguiente lo haremos sobre el sexo. En ambos no tendremos más remedio que mencionar al amor.

¿PERO QUIÉNES SON LOS (BUENOS) AMIGOS?

Son lo más parecido a lo que se fija en ciertos contratos de matrimonio y que algunos cónyuges suelen olvidar en parte: menos para la reproducción y los avatares de la carne, son los que están a tu lado «en las alegrías y las penas, en la salud y en la enfermedad...» y si la muerte no los separa suelen hacerlo el tiempo, el desgaste, los celos o los de fuera.

O sea que las amistades (en plural) son como una pareja múltiple sin los problemas de la promiscuidad. Por el contrario, últimamente tener muchos amigos y especialmente «conocidos» puede incluso convertirse en un medio de ganarse la vida como experto en relaciones públicas.

Uno y medio

Admirado de la popularidad de la que gozaba un sabio, cierto juez muy poderoso le preguntó cuál era el secreto de su éxito social.

—No creáis en las apariencias, noble señor —dijo el sabio—. En realidad, de toda esta gente que me rodea y adula, creo que sólo podría contar con un amigo y medio de verdad.

—No es posible, y además no lo entiendo. ¿Por qué uno y medio?

—Hagamos un simulacro —propuso el sabio—. Hacedme encarcelar por cualquier motivo y ordenad mi ejecución.

Así se hizo: camino del patíbulo, el sabio fue paseado por toda la ciudad, con las manos atadas y en medio de una multitud silenciosa. Cuando llevaban buena parte del recorrido, una voz solitaria se dejó escuchar:

—¡Soltadlo! ¡Ese hombre es un sabio! ¡Es inocente!

Poco más adelante, y ya a la vista del verdugo, otro hombre se abrió paso entre la muchedumbre y se arrojó a los pies del juez.

—¡No puedo permitir esta injusticia! —gritó el hombre—. Este anciano es inocente. El culpable he sido yo. Dejadlo en libertad y matadme a mí.

—¿Lo veis ahora? —dijo el sabio mientras le quitaban las cuerdas—. Un medio amigo ha proclamado mi inocencia, pero le ha faltado valor para dar la cara. El amigo entero estuvo dispuesto a cambiar su vida por la mía.

Esperamos que nuestros viajeros no se encuentren ante tales obligaciones. Más bien digamos que la amistad implica en primer lugar un deseo vehemente y recíproco del bien sobre una base de honestidad y confianza. Y además tiene el sello fundamental de la estabilidad y el deseo de su permanencia en el tiempo, lo que da lugar a otro de sus requisitos: el cariño. El cariño es justamente lo que se siente y también lo que debería expresarse en la amistad. La amistad se siente, pero además se demuestra a través de una gama infinita de actos que pueden ir de la sencillez de una mirada cómplice a la ofrenda de la vida.

En su vertiente más honda e íntima, el cariño puede transformarse en ternura cuando la demostración adquiere tonos que mezclan la amabilidad, la conciencia de la vulnerabilidad y el deseo de prolongar el afecto con el contacto físico, las caricias, la protección y los mimos.

En este sentido, muchas amistades se enfrían justamente por la ausencia de demostraciones y porque algunos no entienden que, a diferencia de un dúo amoroso, el impulso afectivo de la amistad puede repartirse, trasladarse, aletargarse, compartirse y resurgir sin que aparezca la sombra de la ruptura.

Un amigo es un ser con el que nos sentimos a gusto y a la vez en libertad; su tolerancia lo lleva a decir las verdades que necesitamos y a dibujarnos las ilusiones que nos impulsan. Son los que no nos despiertan iras, envidias o aversiones, sino que además saben canalizarlas para evitarnos su daño. Nos permiten ser espontáneos, felices, apoyados y necesarios. Con ellos conseguimos compartir sin problemas los aspectos que consideramos fundamentales y que generalmente englobamos bajo el nombre de «visión del mundo».

Es la persona que se alegra de nuestras alegrías y con la que no necesitamos competir. Es alguien que nos hace sentir felices simplemente porque él está en el mundo.

¿LOS AMIGOS SON PARA TODA LA VIDA?

Hasta aquí sólo hemos hablado casi de conceptos, de aquello a lo que tendemos y nos gustaría que fuese siempre así. Pero seguramente más de un lector estará de acuerdo que la realidad es otra: la amistad suele ser bastante más frágil de lo que la pintan.

Y como casi siempre depende del contexto en el que se desarrolle (colegios, deportes, profesiones, círculos sociales) y de las transformaciones que ocurran en ellos. Así, los cambios profesionales y la formalización de parejas suelen ser una prueba de fuego para las amistades. En un caso porque el nuevo entorno implica diferencias y nuevas relaciones; y en el segundo porque no siempre los respectivos amigos de los cónyuges se avienen entre sí.

En su sentido más puro, posiblemente las mejores amistades sean las que se desarrollan en la niñez y la adolescencia. A partir de entonces, las nuevas amistades pueden seguir por mil caminos diferentes: desde las que se establecen «para siempre» a las que están «para cuando nos hacen falta», desde los incondicionales a los utilitarios.

Puede que alguien diga que, en efecto, tiene un amigo perfecto. O más de uno. Aún así, es probable que su perfección consista en que jamás lo ha puesto a prueba. Con esto queremos significar que a veces no es necesario que un amigo sea una especie de mago ubicuo, un todoterreno dispuesto a soportar lo que sea para mantenerse en la categoría de amigo.

En realidad es una persona con la cual hemos elegido compartir ciertos aspectos de nuestra vida; pero no todos. Compartir significa también intercambio, pero con las limitaciones de cada uno. Aunque no sea perfecta, una buena amistad pervive sobre la base de saber qué se puede esperar del otro y qué no será posible conseguir jamás.

Para tener un verdadero amigo es indispensable dejarlo ser... como es.

Ese ser nos complementa tal como nosotros a él, pero no en todo sino con nuestras virtudes y carencias: con un amigo nos damos todo lo que nuestras respectivas imperfecciones son capaces de dar. Pero no más.

Una amistad sana es por lo tanto un tipo de vínculo más bien basado en un acuerdo de relatividad: nada es perfecto ni permanente, pero puede llegar a serlo. Entretanto pueden alternarse momentos positivos y negativos, expectativas que se cumplen y algunas frustraciones. Sólo el tiempo nos permite, de vez en cuando, hacer una suerte de balance y comprobar qué aspectos son los más relevantes... y actuar en consecuencia. A menudo estos repasos evaluativos nos dejan más interrogantes que certezas: ¿Qué pasó con nuestra amistad? ¿Vale la pena seguir tirando de una relación que ya no da más de sí? ¿No nos estaremos privando ambos de lograr algo mejor?

Claro que estas preguntas se parecen mucho a las que anteceden a un divorcio. Pero una amistad no es un matrimonio, aunque a veces las partes se comporten como tales, es decir bajo el sello de la sumisión, la dependencia, los celos y el apego enfermizo, con lo cual se condenan irremediablemente al fracaso. Por ello suelen ser más sanas ciertas amistades que no necesariamente lo comparten todo; con unos se puede estar mejor en aspectos afectivos y sociales, con otros se pueden coincidir en aspectos intelectuales, políticos o religiosos.

A veces es más sano no tener que llegar a ese «todo o nada» que destroza tantas parejas.

La piedra y el grito

¿Qué ocurrió? Sólo ellos lo saben, pero la amistad se ha roto. ¿Qué pudo haber pasado para que exista tal enfado entre dos amigos que han estado juntos toda la vida? Ellos lo saben. Por eso uno ha pedido perdón y el otro se lo niega.

Pero quien ofendió es más perseverante y duro que el ofendido. Clama al cielo y lo persigue con mil razones entre las que se cuentan más de

treinta años de complicidades y sacrificios. Han viajado por el mundo, se han protegido y han estado muchas veces al borde de la muerte. Pero ni las batallas ni las enfermedades han podido con una promesa más sentida que dicha; sin juramentos ni solemnidades, inquebrantable y honda. Sin el otro se sentían mitades.

Y ahora vuelven a serlo.

El culpable ruega, se encrespa, grita, maldice y patea el suelo.

—¿Qué tengo que hacer para que me perdones?

El ofendido simplemente está helado. Nada siente, y las palabras del otro son como las de un desconocido. Algo se ha desmoronado en su interior, y deambula como un sonámbulo por un paisaje en ruinas.

—¿Qué quieres que haga para lograr tu perdón? —oye que le gritan.

Levanta los ojos y casi está a punto de reconocer ese ardor. Por algo se parecen tanto. Pero aquel gesto ofensivo vuelve a su mente y baja la cabeza. No puede perdonar, pero en alguna parte de esas ruinas hay un insignificante destello.

—Pídeme perdón durante cien días —murmura antes de cerrar la puerta.

El otro respira. Están salvados.

Para que sea aún más evidente y doloroso, el ofensor vendrá cada noche a la ventana del amigo, golpeará los postigos cerrados y gritará en medio del silencio:

—¡Perdón!

Y dejará una piedra que cargará cada noche desde el otro lado del valle.

Han pasado diez, veinte, cuarenta noches. Se han ido las lluvias del otoño y el invierno ha llegado como una sentencia. Y ni una vez dejó de oírse aquel aullido lastimero que sobresalta a los insomnes.

«¡Perdón!». Y luego una piedra más golpeando contra las otras.

Y si con las primeras el ofendido ni pestañeó, con la número doce comenzó a esperar el grito para poder irse a dormir. Con la número veinte recordó cuando robaron juntos un pastel y con la treinta la primera vez que conocieron una mujer. Con la cincuenta recuerda las batallas; con la sesenta las heridas y con la setenta las risas.

Afuera el viento aúlla y desde otra ventana ve la nieve que fosforece. Sabe que viene de lejos, sabe que es cierto que carga cada noche una piedra entre sus manos, que ha llovido y lo atacaron los lobos. Pero nieva y ya es la piedra ochenta y ocho.

Ahí se ve un punto en la distancia. Se mueve. Cierra la cortina y se arrebuja en una manta. El otro ya no golpea los postigos porque sabe que él esta allí, esperando su grito.

Poco después lo oye, y después aquel sonido que ya le duele en los huesos. Hoy recordó su ingenio y mañana recordará la cárcel. Han pasado noventa y seis noches de piedra, de frío y de granizo. Ya no se duerme tras el grito sino que pasea por los corredores azotando las puertas y golpeando las paredes. Maldice a todas horas, duerme vestido y apenas come.

La noche noventa y nueve no fue un grito sino un quejido, un lamento roto por la tos. La piedra apenas sonó. Habrá caído sobre la nieve.

El día número cien se levanta temprano y ordena una cena. Saca vino y enciende la chimenea. Por la noche abre los postigos; quiere que la casa sea como un faro en medio de la peor de las borrascas.

Llega la medianoche, la hora del grito y de la piedra. Descorcha una botella y se pasea delante de la ventana. Hoy cargarán juntos la piedra. Pero pasa la hora y arrecia el viento. Se asoma a los cristales y sus ojos taladran las tinieblas. Pasa otra hora, y otra. Es imposible, se dice, sólo le quedaba una piedra.

Ya no puede soportar más la espera, se envuelve en una capa y sale. (Fin)

Un final optativo

El culpable carga la piedra número cien. La fiebre le corroe el pecho, tose y no ve bien. Camina durante horas y cuando se da cuenta está muy lejos del camino. Está perdido, vuelve sobre sus pasos. No conoce ese paisaje. Trastabilla y cae. Recoge la piedra y deambula en medio de la tormenta hasta que reconoce un árbol y unas ruinas. Aún está muy lejos pero ahora va sobre seguro.

Ya casi llega, ahí está la casa iluminada. Lo espera. Sonríe y una garra le rasga el pecho. Apenas se da cuenta que está cayendo.

Pasan las horas y el ofendido sale de la casa envuelto en una capa. Un poco más allá del montículo de piedras ve otro bulto cubierto por la nieve. Se acerca y lo arrastra dentro. Pero ya es tarde: ahora es él quien dispone de la eternidad para pedir perdón a su amigo muerto.

Otro final optativo

Llega la medianoche, la hora del grito y de la piedra. Descorcha una botella y se pasea delante de la ventana. Hoy cargarán juntos la piedra. Pero pasa la hora y arrecia el viento. Se asoma a los cristales y sus ojos taladran las tinieblas. Pasa otra hora, y otra. Es imposible, se dice, sólo le quedaba una piedra.

Ya no puede soportar la espera, se envuelve en una capa y sale. Recorre los alrededores, da vueltas, trata de adivinarlo entre la tormenta pero no lo encuentra. Retorna a la casa, ensilla un caballo y parte al galope.

Cada árbol le hace dar un salto de alegría; tras cada vuelta del camino cree ver una figura oscilante cargando una piedra. Pero no es él. Galopa y piensa que el otro hizo ese trayecto a pie durante noventa y nueve noches sin faltar a ninguna. No puede fallarle ahora.

Ahí está la casa. Hay una luz en la ventana. Tiene que tranquilizar el corazón pero no puede. Al borde del llanto golpea la puerta. El otro tose, la entreabre y lo mira casi sin sorpresa. Su gesto es el mismo que el del ofendido, noventa y nueve noches atrás. Sabe lo que el otro va a decirle, pero ahora es él quien se siente en ruinas.

—Podrías haberme perdonado la última. Ahora vete —murmura antes de cerrar la puerta.

AMIGOS Y CONOCIDOS

A diferencia del concepto tradicional, las amistades actuales se mueven en una gama que va desde los amigos para todo a los simples conocidos.

Al decir que alguien es un conocido nuestro no estamos dando un dato peyorativo ni de sobreestimación, sino una mera indicación de grado. Un conocido puede ser alguien a quien no veremos más, pero también puede hacernos pasar una excelente velada.

El conocido está mucho más cerca del amigo utilitario: nos cubre una necesidad más o menos puntual, tanto como nosotros a él; por el contrario, el afecto con los amigos más fieles suele ser gratuito y menos pendiente de las oportunidades. En teoría, un buen amigo casi nunca resulta inoportuno, precisamente porque nos conoce tanto que incluso podemos hablar con él como si pensáramos en voz alta.

Pero como vimos en el cuento anterior, el hecho de conocernos mucho no nos exime que, de vez en cuando, la amistad se ponga a prueba. Una expectativa frustrada o una situación límite pueden significar un riesgo que sólo la buena voluntad y el peso de un pasado común pueden llegar a solventar. En cambio, la frustración que nos pueda provocar un conocido es más leve precisamente por la ausencia de ese pasado.

Gracias a su falta de compromiso, esas personas nos pueden sacar de la rutina y la comodidad que suelen socavar las amistades por simple desgaste. Un conocido puede actuar a la manera de una inyección de optimismo y de renovación, puesto que su exigencia es menor y más circunstancial, menos «adherida» a esas liturgias preestablecidas, tan comunes entre los viejos amigos.

Si los amigos significan permanencia, estabilidad y coincidencias, los conocidos pueden traer variabilidad, evasión y alternativas. A su modo, ellos también pueden hacernos felices, aunque sepamos que por poco tiempo.

Pero un conocido es también un proyecto, alguien que puede convertirse en amigo. De allí que cuando hablamos de amistad conviene no ponernos en posiciones rígidas ni definirla con solemnidades.

Parecida al amor, tiene sin embargo un fluir diferente, más propio de arroyo secundario que de río portentoso. Entra y sale de sus cauces, se estanca y recobra el ritmo, tiene recodos tranquilos y tramos turbulentos, a veces se seca y otras tantas se desborda.

¿Cómo rechazar ese nuevo hilillo de agua que no hará otra cosa que enriquecerlo? ¿Cómo negarnos la posibilidad de que el mero conocimiento se convierta alguna vez en verdadero compromiso?

Un conocido nos invita a compararlo con lo des-conocido. Las adherencias, los apegos de tipo tribal y los círculos cerrados significan, entre otras cosas, miedo a lo desconocido, a la novedad y al cambio.

Tener viejas amistades no nos puede privar del placer de las recientes.

Huesos rotos

El caballo se sobresaltó, se levantó sobre sus flancos traseros y el jinete rodó por la pendiente. Unos viajeros corrieron a socorrerlo pensando que poco podrían hacer por él, pero milagrosamente seguía con vida. Lo trasladaron a casa de un médico y unos días después estaba en la suya. Las vendas le cubrían todo el cuerpo; tenía una pierna, un brazo y varias costillas rotas, además de una tremenda brecha en la cabeza.

Poco a poco salió del atontamiento, mas las heridas le producían insoportables dolores. Cuando recuperó un poco la lucidez vio a un desconocido a su lado. Cada vez que una punzada le hacía proferir un quejido, el hombre se acercaba a su lado, lo miraba y con un simple gesto en silencio trataba de darle ánimos.

Poco después comenzaron a visitarlo sus amigos, quienes para consolarlo decían cosas como:

—¡De buena te has salvado! ¡Podrías haber muerto!

—No será nada... Ya verás, en unos días te habrás olvidado y ya estarás otra vez cabalgando.

—Desde luego has tenido suerte, que si no...

—Al menos puedes contarlo.

Y el herido apretaba los labios mientras los ojos se le llenaban de lágrimas de dolor, mientras los otros comentaban casos similares en los que el jinete había perdido la vida, o una pierna, o había quedado tullido.

Cuando volvía a quedarse solo rompía a llorar con desespero; entonces sentía una levísima presión en su mano sana, o un paño fresco le cubría la frente. No le hacía falta nada más para saber que el desconocido estaba a su lado.

Los colegas repitieron varias veces las visitas, siempre con los mismos comentarios.

—¿Ya estás mejor? Al menos no te has roto la espalda.

—Será cosa de pocos días. Podrías haberte desnucado.

—La suerte fue que no perdiste mucha sangre.

—Conozco un hombre que le pasó lo mismo y nunca más se levantó de la cama.

—Puedes estar agradecido...

El herido no pudo más y llamó a su familia a gritos.

—¡Echadlos a todos! -aulló enfurecido—. ¡Fuera todos! No los soporto más. Son peores que mis dolores. ¿A qué debo estar agradecido, eh? ¿A mi mala suerte? Tengo el cuerpo destrozado y aún me decís que debo estar contento? Salvo a este hombre, no quiero que dejéis entrar a nadie más aquí.

Los dolores volvieron a atravesarlo como flechas. Cerró los ojos, apretó los labios y esperó que el acceso remitiera.

Cuando estuvo tranquilo giró la cabeza. El desconocido estaba junto a la cama, con su triste sonrisa de siempre.

—¿Por qué estás aquí? ¿Quién eres? —le preguntó.

—Yo también me caí de un caballo.

LA TORRE DE MARFIL

Con este tópico suele definirse a los que por alguna razón afirman que no hay mejor sitio que aquél en el que están aislados, en una torre que a la vez es su propia cárcel: la del temor al compromiso.

Como se ha dicho, una amistad implica intercambio de dos individualidades que necesariamente han de mostrar una parte de sí mismas. Se trata de un encuentro físico y también mental: interpersonal. Impulsar una relación implica poner al descubierto nuestra intimidad, aunque sea en una mínima parte. Y hay personas que no están seguras de sí mismas y por lo tanto rehuyen toda posibilidad de exteriorizarse.

Incluso es posible que, a pesar de tener conocidos, nunca se propongan ir más allá, arriesgarse a llegar a una relación más profunda. Para estas personas la amistad es un recurso útil que les aporta determinados rendimientos y nada más. Por lo tanto niegan la parte afectiva y emocional de la amistad, ya que precisamente los dejaría «desnudos». Su caparazón protector está basado en la aparente ausencia de sentimientos, que indudablemente existen, pero que se guardan como un bien demasiado preciado... o francamente despreciable.

La amistad es reconocimiento del otro, por lo que prefieren mantenerse en la comodidad del simple conocimiento y en los muros asentados de su introversión.

Estos solitarios que defienden tanto su intimidad tienen también su contrapartida: los ya enunciados multipropietarios de amigos y conocidos.

Dueños de un envidiable encanto, acumulan amistades como quien junta vales de descuento para todo: siempre habrá alguien que les sea útil en el momento necesario. Invariablemente caen bien, son alegres y más bien superficiales, y su prestigio descansa en la cantidad de gente que puede llegar a saludarlos dondequiera que estén. Cultivan una imagen exitosa, pero en el fondo son la otra cara del solitario en su torre: nadie o muy pocos conocen su verdadera identidad.

Si uno la esconde, el otro la difumina en la cantidad. Probablemente ninguno de los dos quiera asumir una imagen interna que no les gusta.

Pero la amistad bien entendida exige una cierta correspondencia entre cómo somos y cómo deseamos que nos vean. Lo contrario es construir una relación sobre una base falsa que la condena a un irremediable fracaso.

Con contrato o sin él, la amistad y el amor descansan sobre la verdad.

Una limosna muy grande

Cada cierto tiempo, un rico comerciante solía dar una vuelta por la zona de las murallas, allí donde sólo vivían ladrones, menesterosos y gente de mal vivir. Bien protegido por un par de fieros sirvientes, compraba algún par de baratijas en los tenderetes y daba limosna a los harapientos, con lo que tranquilizaba la mala conciencia que suelen tener los poderosos.

A fuerza de pasar por el mismo sitio comenzó a tomarle simpatía a cierto mendigo, a quien alguna mala jugada del destino le había privado de sus dos piernas. Cada vez que andaba por allí, nunca olvidaba dejarle un par de monedas en la escudilla y de cambiar unas palabras con él.

Mas el destino de los ricos suele ser más cambiante que el de los pobres, y así fue que por un mal giro de sus negocios, agregado al mucho odio de algún adversario, un buen día el comerciante fue apresado, juzgado con injusticia y condenado a muerte. Aquel entuerto llegó a oídos del mendigo sin piernas, quien decidió intentar un ardid para salvarlo. Así es que, cuando aquel infeliz era trasladado al cadalso, el tullido se escondió entre la muchedumbre y comenzó a gritar a voz en cuello: «¡El rey ha

muerto! ¡Han matado al rey!». Aprovechando el alboroto, sorteó como pudo aquel mar de piernas y liberó al prisionero.

El rey hizo investigar el hecho y los guardias dieron con el causante del rifirrafe; llevado ante su presencia, le sorprendió que aquel desgraciado hubiese sido capaz de semejante proeza.

—¿Por qué has hecho eso? ¿Acaso deseas mi muerte? —le preguntó.

—Mis gritos no te han provocado daño alguno, mi señor —respondió el hombre—, pero al menos salvé vuestro honor y la vida de un inocente.

Admirado por aquel gesto de amistad y valentía, el gobernante revisó el caso y restituyó la honra al comerciante.

Devuelto al goce de su fortuna, éste quiso recompensar de por vida al mendigo, por lo que dispuso su traslado a la mansión en un palanquín dorado. Ordenó que seis sirvientes lo vistieran y perfumaran, lo atiborró de atenciones, organizó en su honor banquetes monumentales y dispuso que a todas horas lo entretuviesen músicos y bailarines.

Cada vez que sus negocios se lo permitían, el mercader corría al lado de su salvador para colmarlo de regalos fabulosos y repetir unas comilonas que estuvieron a punto de matarlo de indigestión.

Y así fue como el risueño semblante del mendigo comenzó a tornarse apocado y triste. Incapaz de levantarle el ánimo y preocupado por su salud, el comerciante llamó a un famoso sabio para que le dijera dónde estaba el problema. Tras unos días de atenta observación, el sabio le dijo:

—El problema no es suyo sino vuestro, noble señor. Este hombre era feliz con muy poco, estaba en su medio y recibía con alegría vuestras limosnas. Pero ahora lo habéis forzado a ser como vos. Agradece y comprende vuestros desvelos, y por eso calla. Pero decidme: ¿cómo debéis tratar a un amigo? ¿Como es él... o como sois vos? Las aves están felices en el cielo y los peces en el mar. Queréis que disfrute con aquello que os resulta grato, mas está claro que no lo es para él. No entiende vuestra vida y sus necesidades son otras. Si lo queréis como amigo, mejorad su propia vida pero no le obliguéis a seguir la vuestra.

El comerciante comprendió aquellas palabras y le hizo construir una pequeña casa junto a las murallas, donde no le faltó de nada y en la que el hombre sin piernas volvió a sonreír.

Décima estación: *Amigos y amantes*

LA INTIMIDAD COMPARTIDA

Continuamos, pues, en el mismo vagón. Los tertulianos han oído historias y han intercambiado sus pareceres sobre la amistad, y las charlas van entrando poco a poco en el terreno más íntimo y delicado del sexo.

Y lo hacen con cuidado porque saben que es un tema que, a pesar de su antigüedad, todavía despierta pasiones... algo tan lógico como de agradecer, ya que el diálogo de las palabras siempre tendría que preceder al de los cuerpos.

Si no formara parte esencial de la vida no entenderíamos por qué ocupa tanto espacio en las bibliotecas, seduce a los escritores, instiga a los estudiosos y fomenta la lectura. Pero es una realidad, y por eso también solivianta las audiencias, preocupa a los gobernantes e inquieta a los moralistas. Ajeno al trasiego, el resto de la humanidad y buena parte de los citados se dedican a practicarlo.

Los pasajeros de este vagón saben que hablar de sexo es recaer en tópicos, pero eso es tan inevitable como imposible esquematizarlo o ponerle trabas. Desde la aparición de la raza humana, el sexo es uno de sus impulsos vitales, tanto que un pensador llegó a decir que era el único: todo el resto de nuestras vidas estaría regido por él, de modo que cualquier conducta no es más que una consecuencia de su imparable, indomable y secreto empuje. A muchos esto les resultó escandaloso, pero bien mirado resulta tranquilizador: casi al término de nuestro viaje, por fin tenemos a quién echarle la culpa de todo. Si las cosas no nos van bien por dentro, culparemos al sexo; y si no nos van bien por fuera, será culpa de la mala suerte... de la que hablaremos en el último vagón.

Ni tanto ni tan poco: seamos conscientes de que, como lo hemos ido comprobando, este viaje en tren es también un acto social donde se comparten gestos y palabras. Con ellos se pretende que, por encima de todo, los pasajeros lleguen a sus destinos un poco más tranquilos y comprensivos con sus diversas «estaciones de ánimo». Sin duda el sexo influye en parte de las mismas, y para hablar de ello no hay nada mejor que la intimidad, la tranquilidad y la comprensión.

¿AMANTES... Y AMIGOS?

Hablaremos de la atracción y el deseo que impulsan a dos personas a la fusión sexual en la que no está incluido (necesariamente) el propósito de procrear.

Este corto enunciado es deliberadamente más exclusivo que inclusivo, deja más elementos fuera que dentro. Pero es la más común de las relaciones y por ello la que ocupa y preocupa en mayor medida a nuestros atribulados viajeros.

Es la que se establece de común acuerdo entre dos personas que pretenden lograr ese tipo de placer físico, que puede o no estar acompañado de afecto o amor. Estamos hablando pues de una actividad sexual que dos personas eligen practicar, no sólo como acto de libertad sino también liberador de un tipo de tensiones más o menos conscientes, entre las que se incluyen la atracción física, el deseo de poseer y ser poseído, la búsqueda del placer erótico y el disfrute de estímulos placenteros derivados de las caricias, los besos y la excitación.

Es el final deseado de unos movimientos y estrategias que se inician cuando una persona despierta en otra sentimientos de admiración e interés que lo mueven a prolongar esa impresión de armonía, belleza y preferencia sobre las demás.

El otro ha adquirido la categoría de deseable. Es el famoso objeto del deseo.

Sujetos al objeto

Era una cortesana más, una de las tantas señoras bellas y distinguidas que la emperatriz había recolectado entre la nobleza decadente para que la acompañaran en el difícil arte de aburrirse en palacio.

Poco sospechaba que, además, ellas poseían una inteligencia tan sutil que les permitía oficiar de ministras encubiertas de casi todo. A diferencia de los funcionarios nombrados, sabían que por más soldados que protegieran a los reyes, la realidad podía traspasar los muros más poderosos. Posiblemente de ese mundo, más allá de la asfixia palaciega, vino aquel «adorno» —por llamarlo de alguna manera— que lució dicha cortesana durante un banquete.

Muchos hombres, pero especialmente el emperador, sintieron una punzada bien conocida: repentinamente, aquella mujer había pasado de la simple mediocridad a convertirse en el más absoluto e impostergable de los deseos masculinos. Y el apetito de los poderosos es siempre una orden, de modo que esa noche la cortesana y su adorno entraron en los aposentos del monarca.

Tres días después el escándalo era un secreto a voces. Desatendidas sus funciones, olvidado del mundo, el emperador se había encerrado bajo siete llaves para adorar sin fin a la cortesana. Al cuarto día intentó despachar un par de asuntos urgentes en una sala contigua, pero la sola visión del «adorno» sobre el cuerpo de su amante le hicieron despedir al ministro para zambullirse otra vez en la alcoba.

Se barajó desde el hechizo a la confabulación, desde la brujería a la demencia, pero al doceavo día la misma emperatriz tuvo que tomar cartas en el asunto y, en un descuido de los amantes, entró en la habitación. Los encontró al borde de la muerte, el uno abrasado por el deseo y la otra por extenuación. La soberana llamó a los médicos y, nunca supo por qué, quitó aquel objeto que asomaba entre los cuerpos entrelazados.

Sólo unos minutos después, uno de sus lacayos la poseyó de un modo tan ardiente y brutal que dudó entre huir con él a las montañas o hacerlo decapitar, por lo que obedeció a la intuición y puso el «adorno» entre sus manos. El muchacho iba con él por un corredor cuando uno de los médicos que volvía con pócimas para el monarca lo tomó del brazo y lo arrastró a su alcoba, incapaz de retener la repentina lujuria que le inspiró imaginar aquello sobre su torso desnudo. Después de cuarenta y dos horas de pasión, el médico no soportó más la posibilidad de separarse del mancebo y se tiró por la ventana, teniendo el buen tino de llevar el obje-

to entre sus manos. De allí se lo arrancó el primer guardia que llegó hasta su cadáver, quien sólo tuvo que mirar a los ojos de la posadera para saber que esta vez sí, inexplicablemente, ella había mudado de opinión y estaba dispuesta a todo.

Saciaron su deseo en el primer rincón que pudieron, pero cuando un caballero vio aquello en la cintura de la mujer, asesinó al soldado y la llevó en grupas a su mansión. De allí salió unos días después su propia hija en brazos de un religioso, quien tras unas jornadas en absoluto pecado fue el primero en comprender que el «adorno» era la causa de su caída y, tras envolverlo en un pañuelo, se llenó los bolsillos de piedras y se arrojó a un lago.

Cada tarde un jovencito con nombre de flor se mira con arrobo en el espejo de sus aguas.

Claro que como todo objeto que se desea y que aún no poseemos, también hace surgir otra serie de sentimientos como el desasosiego, la inquietud o la esperanza; o se ve obstaculizado por otros como la vergüenza, el miedo o la represión. En cierta manera, y siguiendo a ese pensador que lo veía todo impregnado de sexo, podríamos decir que en cada uno de los vagones y estaciones de este viaje lo habríamos tratado en relación con el correspondiente estado de ánimo o emoción.

Así definido, o mejor dicho limitado a lo que nos interesa tratar aquí, el acto sexual no tiene más satisfacción que la derivada del propio acto ni más finalidad que llevarlo a cabo.

Pero hacerlo con satisfacción es otra cosa: no sólo es lo más deseable sino lo que más problemas plantea. Practicar no es lo mismo que disfrutar; si consideramos que el objeto del deseo se concreta en una persona, el goce se convertirá a su vez en el propósito del acto. En otras palabras, el placer con esa persona pretende culminar el deseo.

Por ello pongámosle más requisitos: el acto sexual del que hablamos tiene como objeto la mutua satisfacción, el mayor goce posible de ambos miembros de la pareja... con lo que aún seguimos casi en la más común de las relaciones.

Estamos hablando por lo tanto de igualdad, libertad y normalidad en la elección del compañero sexual. Y por lo tanto dejamos fuera toda otra preferencia incluyendo, cómo no, aquellas que signifiquen la agresión o lesión de cualquier derecho.

La preferencia por esa persona tendría que tener, por lo tanto, algunas características que también nos impulsan a tener un amigo: afecto, alegría, deseo de acompañarlo, de divertirse... en este caso con el agregado de la sexualidad.

Dijimos en el capítulo anterior que lo sexual presupone lo amistoso, aunque no siempre es así; de acuerdo con lo que vimos allí, esa función también puede cumplirla aquí un simple «conocido»... aunque por lo que se va comprobando ni siquiera es preciso que lo sea.

Y también sabemos que con frecuencia la amistad deriva en el sexo, cuestión que tiene dos vertientes: o la amistad se transforma en emparejamiento porque irrumpe el amor, o se vuelve al estado anterior. Los «amigos-amantes» son un fenómeno bastante extendido, algo que exige cierta dosis de inteligencia para que ambos sentimientos afloren en el momento adecuado y no se afecten entre sí.

El sexo puede ser el refuerzo o el fin de una amistad, y ni qué hablar cuando se mezcla con el amor...

En ese caso ya estaríamos hablando de un tipo de sexo destinado o auspiciante de un futuro emparejamiento, un tema que no será tratado aquí porque sus estrategias suelen estar más relacionadas con la conveniencia que con la diversión.

HISTORIAS DE LA CONQUISTA

Libertad, elección, igualdad, propósito mutuo de dar placer, acto no dirigido a procrear... el deseo sexual entre las personas se ha desprendido de lo puramente biológico para integrarse en la normalidad social. El sexo es una forma más de relacionarse, una manera de compartir vivencias como lo pueden ser una cena o una velada musical. Justamente, los prolegómenos del mismo incluyen algún complemento sensual como puede serlo la comida y la música: como pocos actos humanos, el sexual permite la expansión casi simultánea de todos los sentidos, haciéndolo si cabe más completo y satisfactorio.

Todo lo que rodea y completa el acto sexual y lo distingue de lo meramente fisiológico se engloba usualmente bajo la denominación de erotismo, cuyo enfoque dejaremos para más adelante. Pero si el acto es el fin, la conquista es el medio. Es un conjunto de conductas, gestos y rituales que ponen de manifiesto y explicitan el propósito de un encuentro amoroso. Dichos comportamientos son parte de códigos no escritos pero generalmente compartidos y entendidos por los miembros de un determinado grupo social.

La recepción y la respuesta a los mismos dependen también del medio, pero fundamentalmente de la historia personal de cada persona. En otras palabras, todos somos libres de emitir mensajes de conquista sexual, pero no todos estamos dispuestos a responderlos y aceptarlos.

El buen gusto

Como era costumbre en sus dominios, cierto gobernante tenía casi un centenar de esposas, quienes ya le habían dado una numerosísima descendencia. No obstante parecía estar insatisfecho, ya que no perdía oportunidad de seducir a cuanta mujer estuviese a su alcance.

Una vez, en una de las suntuosas fiestas que ofrecía en alguno de sus inmensos palacios, llamó su atención una hermosísima dama. Hizo averiguar de quién se trataba y supo que era la esposa de uno de sus ministros, a quien tenía en gran estima. Mas para aquel lujurioso monarca los asuntos de estado eran una cosa y su apetito carnal otra, de modo que se propuso encontrar la manera de seducirla.

Dejó pasar el tiempo y encomendó a su ministro una misión que lo mantendría alejado de su casa durante unas semanas. Cuando estuvo seguro de que la mujer estaba sola, se presentó de improviso acompañado de fabulosos regalos, supuestamente destinados a recompensar los esfuerzos de su fiel funcionario.

La mujer conocía muy bien la fama del monarca y pensó rápidamente de qué manera podría rechazar la propuesta sin provocar su enfado, por lo que decidió recibirlo con grandes muestras de hospitalidad y agrado. Hizo disponer para él la sala más lujosa de su mansión y, tras ofrecerle licores y música, le dijo que nada sería más honroso para ella que cocinarle personalmente alguno de sus mejores platos.

El hombre lo aceptó como signo de buen augurio, se arrellanó entre cojines y se dispuso a disfrutar de una velada en la que consumaría otra

de sus sonadas conquistas. La mujer se retiró a las cocinas y se puso a trabajar junto a sus ayudantes.

Poco más tarde, los sirvientes desplegaron ante el visitante una lujosa vajilla y comenzaron a traerle platos y más platos con manjares, a cuál más atractivo. Pero como muy pronto pudo comprobar, las formas y los decorados eran distintos, mas el gusto de todos era exactamente el mismo. Tras algo más de dos horas, y después de haber degustado apenas un pellizco —y a veces nada— de unos cien platos, hizo saber a los sirvientes que ya estaba sobradamente satisfecho.

Unos minutos después volvió a presentarse la dueña de casa, quien se había cambiado de ropajes y lucía más esplendorosa que nunca.

—Espero que su alteza esté satisfecho de esta improvisada cena —dijo con una graciosa reverencia.

—No podía haber sido más exquisita —respondió el monarca—, más aún cuando provenía de unas manos tan delicadas. Aunque, para hacer honor a la verdad, he echado en falta un poco de variedad. O sea... con el debido respeto, noble dama, me ha parecido que todos vuestros manjares sabían a lo mismo.

La mujer dibujó una rápida sonrisa de disculpa y respondió:

—Es posible, mas supongo que su alteza ya estará acostumbrado a que todo le parezca igual. Vuestras cien concubinas han de tener el mismo sabor, de modo que no comprendo por qué ha de buscar fuera de palacio algo que le sabrá exactamente a lo mismo. Mi querido esposo sólo me tiene a mí, y por supuesto que para él siempre guiso platos de distinto gusto.

El gobernante no pudo dejar de admirar la aplastante lógica de la esposa del ministro, y tras besarle las manos en señal de respeto se retiró con la lección bien aprendida.

LAS REGLAS DEL JUEGO

Las normas que definen el juego sexual son las que, como en cualquier actividad de interrelación, ponen a prueba la historia personal de cada uno. La respuesta sexual incluye inevitablemente lo que somos como totalidad humana; de allí que importen no sólo los gestos y los signos externos sino también los más íntimos, de donde surge lo mejor de cada uno... junto a toda clase de trampas, manipulaciones y engaños.

El medio y la cultura actúan también como modeladores del comportamiento sexual. Así, por ejemplo, las personas más apegadas a lo religioso y ultraterreno darán menos importancia e incluso despreciarán las manifestaciones de lo sexual unido a lo lúdico, mientras que los más afincados en lo concreto, en el «aquí y ahora», tenderán a tolerarlas como una parte más de la realidad.

De aquí que, a pesar de las opiniones de muchos, los encuentros sexuales no dependen tanto del azar: de alguna manera nuestra historia y el medio nos preparan o nos predisponen para que lo busquemos en el sitio y entre las personas adecuadas, por más insólitos que nos puedan parecer.

Favorecidos por la falta de compromiso y los escasos límites del tiempo y las oportunidades, la búsqueda del sexo ocasional permite y en cierta manera favorece una serie de señales de respuesta cada vez más rápidas y precisas. Posiblemente, la búsqueda del máximo placer en el menor tiempo posible sea un síntoma más del vértigo de la época, pero al mismo tiempo nos pone ante la encrucijada de aceptarlo o no como un signo de libertad y autorrealización.

Uno de sus aspectos más emblemáticos, la intimidad en la que se desarrolla, permite además la libre expansión de nuestros deseos, que incluyen obviamente una completa aceptación de lo que somos. Sólo reconociéndonos con nuestras carencias y virtudes estaremos mejor preparados para lograr una plena satisfacción sexual. Como intercambio que es, el sexo implica iguales dosis de entrega y capacidad de recepción. El azar poco tiene que ver. Buscamos lo que no tenemos; el objeto de deseo puede ser difuso o concreto, pero siempre está fuera de nosotros. Nunca inalcanzable, puesto que lo buscaremos dentro del marco de lo posible. Y aún más: lo haremos siguiendo una serie de pautas intelectuales y/o físicas tan marcadas que difícilmente lo encontraríamos en un sitio diferente de aquél en el cual nos movemos.

Lo que diferencia el sexo lúdico del amoroso es la carencia de un «después», la inexistencia del apego. Comienza y acaba en sí mismo, por lo que permite una gama casi infinita de posibilidades y fantasías. En otras palabras, las parejas menos comprometidas en lo afectivo son las que, en general, se permiten «dejarse llevar» con más frecuencia. Su ventaja es la exploración de los intrincados recovecos del erotismo y el placer inmediato, pero con la inevitable contrapartida del regreso a la soledad.

De allí que reafirmemos lo dicho en el capítulo anterior: no hay mejor adorno para el sexo que el amor, y por tanto la amistad.

RODEOS ERÓTICOS

Olvidemos por un momento las diferencias entre lo lúdico y lo amoroso; dejemos de lado la constatación de si un encuentro sexual se produce en una pareja estable o entre amantes ocasionales. Olvidemos incluso lo religioso, lo cultural o lo político. Para hablar de los refinamientos de lo erótico no tenemos más remedio que echar una breve mirada a la prehistoria, cuando existían unas estrictas normas para asegurar la supervivencia del grupo. Entre ellas, destacaremos las prohibiciones relacionadas con la violencia y el apareamiento; las primeras evitaban pérdidas de vidas y las segundas regulaban la distribución de las hembras, controlaban el incesto y las relaciones fuera de los periodos de celo. Por lo tanto, cualquier actividad que auspiciara lo contrario estaba prohibida.

El tabú de la muerte tenía casi la misma fuerza que el del sexo no destinado a la reproducción. Pero como parece que los genes de la subversión eran tan poderosos como los de la obediencia, la misma regulación del sexo la convirtió en una actividad tan deseable como prohibida... y por lo tanto clandestina. La desnudez natural se cubrió de ropajes que, además de su utilidad, ocultaron los sexos y así alejaron la posibilidad de uniones a destiempo, con lo cual el despojamiento (de ropas) también se volvió el preámbulo, la señal de lo prohibido.

El nacimiento del erotismo está justamente allí: en la trasgresión casi irracional de lo vedado, en la búsqueda experimental de algo que, estando relacionado con lo sexual, no necesariamente está encaminado a la procreación. Y por si fuera poco, aparece rodeado de unas normativas tentadoramente quebrantables.

Diálogo original

Eran amigas de toda la vida, tanto que la más joven no recordaba cuándo había comenzado todo. Alguna vez se miraron a los ojos y supieron que

una podía confiar en la otra, y eso había ocurrido más allá de cualquier memoria. Era la primera vez que disentían.

—¿Seguro que quieres hacerlo? —preguntó la más sabia.

—Absolutamente —respondió la más aventurera.

—Te arrepentirás. No hiere pero duele, lo sé bien.

—No importa, quiero hacerlo.

—No sabes a lo que te puedes exponer. ¿De dónde has sacado esa idea?

La otra se encogió de hombros.

—Del roce de las hojas, del olor de las flores, de la caricia del viento, del canto de las aves, del dulzor de la miel, del brillo del sol sobre su espalda. Pero camino y no llego, duermo y no sueño, lo miro y no entiendo. Por favor, déjame hacerlo.

—No puedo permitir que te hagan daño, no quiero perderte.

—No me perderé. Sólo cierra los ojos. Después seguiré aquí.

—Te irás. Lo sospecho. ¿Qué esperas si lo haces?

—No sé. Pero está allí por algo. Me mira y tampoco entiende, a veces creo que quiere sonreír pero se le llenan los ojos de lágrimas. Lo miro y siento ganas de llorar.

—¿Y qué te hace pensar que al hacerlo todo cambiará?

Ella miró los árboles. Un pájaro cantó entre la espesura y el viento trajo un aroma de sal.

—¿Quién te dice que ya no está cambiando? Todo se mueve. Él está allí.

La más vieja cerró los ojos con dolor. Estaba a punto de perder a quien más amaba.

—Por favor... —susurró la joven.

La vieja estiró el cuerpo y se acercó al rostro de su amiga, miró al fondo de sus pupilas y no vio otra cosa que la más profunda e inexorable de las decisiones.

—Está bien —suspiró—. Nada podrá detenerte. Ten cuidado. Te he querido. Adiós.

Reptó entre las ramas y desapareció. La otra estiró la mano y desprendió una manzana.

LO ERÓTICO Y LA SEXUALIDAD

Demos otra vez un salto a la actualidad. Las prohibiciones han ido cayendo, pero el erotismo sigue asombrosamente en pie. ¿Qué elementos mantienen tanta fascinación por lo oculto y trasgresor? ¿Por qué tanta valla publicitaria con gente estupenda en paños menores al tiempo que se persigue a una prostituta? ¿Acaso ambos no están vendiendo lo mismo?

La respuesta excedería sobradamente este simple vistazo, pero al menos dejemos claro que al ser humano le sigue atrayendo todo lo que de algún modo anuncia la fusión, el momento en el que el objeto de deseo deja de serlo para fundirse con él. Le atrae aquello del sexo que se encuentra prohibido: la demostración del goce, el descubrimiento de lo íntimo. Es erótico todo lo que no es simplemente sexual, lo que a la vez lo niega y lo favorece, lo que insinúa pero retarda su consumación. Forma parte de nuestras estrategias de relación, pero a la vez depende de la experiencia y de las culturas: unas medias de seda no tienen ningún valor erótico para un cazador nubio, pero es un fetiche sexual para un caballero inglés. Y ni qué decir lo que opinarían ciertas tribus indígenas frente a un aplaudido *strip-tease*...

El erotismo es algo lúdico y sigue siendo ajeno a todo lo cotidiano y al trabajo: de los lúbricos calendarios en talleres mecánicos a fervorosas escenas filmadas en despachos y gimnasios, parece que el erotismo sigue en franca colisión con cualquier tarea de subsistencia, por lo que resulta inmensamente atractivo y trasgresor.

Por lo demás es gratuito y carece de otra finalidad que no sea conducirnos a la seducción, llegando incluso a convertirse en simbólico: de allí que sea uno de los recursos más usados por la publicidad de consumo. La posesión de un reloj puede hacer a su comprador tan atractivo como el/la modelo que lo luce.

En la intimidad de una pareja, el erotismo tolera todo tipo de fantasías, provocaciones y deslizamientos hacia los límites que cada quien se atreva a tocar. Es por tanto una escenificación, una fanfarria de obertura que propugna la excitación de todos los sentidos: de los sabores a las texturas, de los sonidos y las palabras a las miradas y las caricias.

El erotismo es el ingrediente que transforma el sexo en una elaborada dignificación del placer, en el vértice que separa una actividad puramente fisiológica de una vivencia exquisitamente humana.

Ideas fijas y pasiones muertas

Era el más humilde de los sirvientes, aquél a quien encomendaban una de las tareas menos agradables del palacio: limpiar las letrinas. Estaba un día en esos menesteres cuando de pronto irrumpieron varias esclavas que, al verlo con sus palas y escobillas, tuvieron que esconderlo tras una cortina ya que la emperatriz tenía una urgencia y no podía esperar.

Así fue como, a pesar de los cuidados de las mujeres, el limpiador de letrinas pudo ver fugazmente las reales posaderas, algo que lo trastornó para siempre.

Volvió a su casa en estado de éxtasis amoroso, ya que en su vida había podido imaginar que existiera algo tan bello y excitante como aquello. No tuvo reparos en contárselo a su madre, pero no le alcanzaban las palabras para explicarlo: era algo más que el color de las perlas y la suavidad del jazmín; más delicada que el aire que movían las mariposas y más mullidas que un edredón de plumas.

—¡Pero si sólo has visto un pedazo de nalgas! —protestó la mujer.

«Es suficiente para imaginar el resto», suspiró el hombre, quien a partir de entonces perdió el hambre, después el sueño y finalmente el sentido. No hubo fuerza humana ni remedios caseros que lo sacaran del embotamiento. Enamorado hasta los huesos de aquel trozo de piel apenas vislumbrado, el limpiador de letrinas cayó en la desesperación: nada tenía sentido si no podía poseer el cuerpo entero. Su madre y después sus familiares trataron de hacerle razonar sobre la inutilidad de sus sueños y el peligro de sus deseos, pero fue en vano.

Sucio y alelado, dejó su casa y se lanzó a vagar por los caminos sin rumbo fijo, hasta que muchas millas más allá lo encontraron unos pastores. Compadecidos de su estado, lo llevaron a la entrada de una gruta y le dejaron algo de comer. Al pasar por allí unos días después, el hombre seguía en la misma posición: apenas había probado la comida y seguía balbuceando palabras sueltas como «perfección», «celestial», «pureza» o «eternidad».

Sin saber que se refería a las nalgas de la reina, los pastores consideraron que estaban ante un iluminado, y aquella gruta no tardó en conver-

tirse en un sitio de peregrinación. Cientos de incautos comenzaron a acudir en romería a dejarle presentes, a ungirlo con perfumes y a darle de comer, mientras sus barbas se hacían grises y ante sus ojos perdidos no había otra imagen que las reales posaderas asomando brevemente entre las esclavas y las sedas.

La fama de aquel santón ascético llegó muy lejos, tanto que la emperatriz se vio obligada a visitar aquel nuevo santuario. Se vistió con sus mejores galas y acompañada por una legión de sirvientas y soldados llegó hasta la gruta del santón.

Impresionada por el increíble éxtasis al que había llegado aquel hombre, la soberana sintió inflamársele el pecho de veneración y amor. Había «algo» en aquella pasividad que le resultaba tan digno de reverencia como de pasión, así que dejó de lado su mayestática mesura y se arrojó a los pies del santo, cubriéndolos de besos y mojándolos con sus lágrimas.

Las esclavas tuvieron que sacarla a rastras del santuario.

El antiguo limpiador de letrinas ni se inmutó.

Si en este momento preguntásemos a nuestros preocupados viajeros qué les asusta más, si el acto sexual en sí mismo o el erotismo, probablemente optarían por el segundo.

Y es que al mantenerse en las instancias previas y regodearse en aspectos que incumben más a la fantasía que al acto, las personas están más expuestas a mostrarse tal como son, a dejar libres todos sus fantasmas.

El erotismo encubre y disfraza el acto, al tiempo que revela el verdadero manantial de los deseos. Anticipa la fusión amorosa, pero sólo con una serie de elementos cuidadosamente elegidos de entre una vastísima gama de posibilidades. En un contexto sexual, un zapato de tacón o una tarta de fresa pueden contener tanta carga erótica como la más sensual de las caricias; todo depende del significado que le otorguemos.

El espacio interior se convierte así en otra torre de marfil de difícil acceso y de la que sólo se puede salir con el recurso de la naturalidad. Pero aunque parezca absurdo, algunas preferencias eróticas son tan íntimas que muchas parejas prefieren reservarlas... para los de fuera.

En efecto, si la comunicación por medio de signos externos está en el origen del cortejo sexual, estos mismos suelen perder fuerza con el hábito y la rutina. Y puesto que el erotismo se basa más en gestos que en palabras, los mismos no suelen estar en el «argumento» habitual de las relaciones, por lo que su aparición o necesidad tendrá que ser de algún modo verbalizada, negociada. La mayoría de las veces se opta por el silencio cuando, por el contrario, un oportuno diálogo, por más costoso que sea, permitirá armonizar los deseos de una pareja al tiempo que la enriquece.

La inhibición del placer se relaciona con mucha frecuencia con el miedo a la pérdida del control emocional, posiblemente porque la persona (o la pareja) prefiere mantener lo sexual en el ámbito de lo seguro... y también de lo monótono e inerte. Con ello están reprimiendo el amor sexual como una búsqueda compartida de renovación, plenitud y mutua satisfacción.

Antes de la próxima estación los viajeros ya saben que el erotismo es creativo y exigente... y por eso da tanto miedo.

Invita a revelar nuestras preferencias y a señalar aquello que nos da placer.

Lo prohibido está en su origen, por lo que estamos en condiciones de pronosticar que su vida será bastante larga.

Undécima estación: *Viejos, enfermos y moribundos*

El vagón maldito

Parece el título de un cuento de terror, y buena parte del viaje lo creímos así. Sabíamos que había una especie de «furgón de cola» que en este tren no era precisamente un bar-restaurante, ya que el mismo estaba en otro sitio. Alguien afirmó que vio subir allí a gente «muy rara», y otro agregó que, antes de la partida, había visto cómo algunas ambulancias se habían acercado para introducir pasajeros dentro.

Durante un viaje tan largo como el nuestro, la gente se levanta y merodea por los pasillos, así que hacia la mitad del trayecto todo el mundo ya hablaba de que allí atrás «pasaba algo». Pero la cosa cambió cuando algunos comenzaron a afirmar con datos y testigos de que al menos dos personas habían ido allí a dar un vistazo y no habían vuelto más.

—¿Y si vamos con un vagón lleno de monstruos?— se preguntó alguien en son de broma pero con la sonrisa helada.

—O de presos, o asesinos... —se estremeció una señora.

—¡Habrá que ir a ver! —saltó un adolescente, rápidamente silenciado por su padre.

Los comentarios subieron de tono, y de la simple suposición pasamos a la certeza de que algo terrible y amenazante para todos viajaba allí detrás, y que no había derecho a que nos obligasen a viajar con semejante presión.

De modo que cuando pasó por allí un revisor casi nos abalanzamos sobre él para preguntarle exactamente qué cosa o quiénes iban en el dichoso vagón maldito.

Para nuestro pasmo, al hombre se le abrió la cara con una sonrisa cuando nos contestó:

—¿Y por qué no van a verlo? Vengo de allí y todo está perfectamente en orden. No hay nada anormal, al contrario... es... algo especial. Pero en fin, en este tren no está prohibido circular.

Tras lo cual se alejó repartiendo sonrisas y saludos a diestro y siniestro, dejándonos picadísimos por la curiosidad.

Desde luego no íbamos a ir todos, así que tras unos minutos de negociación se decidió que dos valientes partirían a investigar...

Pasó una hora y después media más. Con el alma en un puño estirábamos a cada rato las cabezas hacia la puerta, consultando nuestros relojes y diciéndonos que tendríamos que mandar otros dos a ver qué...

Hasta que de pronto volvió uno de los emisarios.

Entró al vagón, cerró la puerta y se dirigió a su asiento como un sonámbulo. Creímos que estaba pálido, pero en realidad estaba serio. Diríamos que serenamente serio y con cierta humedad en la mirada.

Obviamente nos abalanzamos a su alrededor, pero pareció ignorarnos, mientras miraba indiferente hacia afuera.

—¿Y? —lo urgió por fin la señora del chal.

—¿Dónde está el otro? —preguntó el padre del adolescente.

El recién llegado levantó la cabeza como si despertara, nos miró a todos con una especie de sonrisa bobalicona y nos dijo: —Ah, sí. Está allí. El vagón está lleno de... bueno, más vale que lo veáis vosotros mismos.

ESA GENTE RARA

Y allí partimos tres curiosos, no sin antes asegurarnos que los demás tomarían medidas si tardábamos más de la cuenta; al fin y al cabo, el único que regresó no parecía muy cuerdo. Atravesamos pues los vagones que nos separaban del último y con bastante recelo entreabrimos la puerta... y nos quedamos de piedra.

Aquello era como un gran salón en el que habían desaparecido los asientos habituales en un tren, y en el que además había bastante más luz y colorido. A un lado de la puerta, unas personas mayores jugaban con las letras de un *Scrabble* alrededor de una mesa; al otro, un grupo similar pero en el se habían agregado un par de jóvenes, parecían acabar de enterarse de algo muy gracioso porque no paraban de reírse. Después, en otros sillones algo más amplios, iban unos seres que, a pesar de la tranquilidad con la que charlaban con sus acompañantes, estaban evidentemente castigados por alguna enfermedad. Finalmente, unos discretos biombos ocultaban de la vista unas camas de las que asomaban unas bolsas de suero. Junto a una, con las manos de un enfermo entre las suyas, estaba el pasajero que no había vuelto a nuestro vagón.

Nunca supimos qué extraño influjo nos llevó a sentarnos y departir un rato con unos y otros; quizá fue el inusual ambiente de sosiego que reinaba en el vagón, tan distinto al inquieto movimiento de los restantes. Lo cierto fue que de pronto no tuvimos ganas de volver; simplemente queríamos quedarnos allí, en silencio, sólo escuchando.

Queríamos saber qué pensaban unos seres que, un par de horas atrás, habíamos pensado que quizá fueran monstruos y en realidad eran casi unos sabios.

Y simplemente eran vivísimos ancianos, convalecientes llenos de ánimo y enfermos que no miraban a la muerte como un castigo.

LO QUE DIJERON LOS ANCIANOS

«Llevamos viajando mucho tiempo, y en cada estación hemos dejado buena parte del equipaje. Más que nada nos interesa estar cómodos. No estamos obsesionados por el aspecto, sólo lo justo para agradarnos a nosotros mismos. Cuidamos nuestro cuerpo exactamente como las almas: cuando uno decae, reforzamos el otro. Es más importante sentirnos bien que parecer jóvenes: eso lo dejamos a los que aún necesitan de su aspecto para sentirse útiles o triunfadores. Ya lo somos por haber llegado a la edad que tenemos: hemos sembrado lo que pudimos y cosechado lo que nos dieron. No sabéis lo tranquilos que nos hemos sentido cuando llegamos a la conclusión de que por fin: ¡éramos viejos!... y a mucha honra.

Ya no hay opciones ilimitadas como antes, conocemos bien lo que podemos hacer y lo que definitivamente ya no haremos, pero tenemos tantas opciones que a veces no sabemos por dónde comenzar. En ese sentido no hemos perdido ni expectativas ni ilusiones, sabemos muy bien que cuando no las tengamos estaremos verdaderamente acabados. Y eso ya lo hemos visto en muchos, a pesar de que su verdadera edad diga lo contrario. Somos gente vieja... con visión de futuro, así que nos importa más el tiempo que el calendario.

¿Que hablamos mucho sobre enfermedades y muertos? ¡Pero si son parte de la vida! Cuando uno está seguro de sí mismo se puede hablar de todo. Los que sólo hablan de recetas para parecer jóvenes tienen más miedo a los signos de la vejez que al tiempo mismo. Allá ellos, son las verdaderas víctimas de la edad. Viven en una sociedad donde el éxito sólo acompaña a los jóvenes, así que es lógico que todo el mundo quiera parecerlo.

Sabemos que no es así, pero no tenemos tiempo para estar a la greña por un tema tan frívolo. Simplemente les invitamos a pensar que cuando uno espera que la riqueza o la felicidad estén en 'algo', lo que sea, ha de tener presente la posibilidad de su pérdida y sus consecuencias.

Ser joven ha sido maravilloso para nosotros, pero con mucho esfuerzo logramos aprender que no serlo tampoco es el fin del mundo. Hemos comprendido que a cualquier edad hay cosas positivas y negativas, y que la 'juventud' de nuestras mentes es una cosa y las limitaciones de nuestros cuerpos es otra. A menudo eso nos frustra. A veces nos sentimos más viejos y otras no tanto. Para nosotros ya no vale aquello de 'querer es poder', pero conocer nuestras limitaciones también nos da seguridad.

Comprendemos que nuestro pasado tiene más peso que el futuro, por eso nos gusta hablar de él, de nuestras historias, de lo ganado y lo perdido. Pero así como no nos da vergüenza haber vivido, faltaría más, tampoco nos obsesiona amargarnos por lo que fuimos o pudimos ser: eso sí que es un signo de vejez... y además, mirar siempre hacia atrás ¡provoca dolor de cuello!

Claro que analizamos y comparamos mucho, es lo que toca cuando uno hace balances. Los más acertados se hacen al final de la jornada, ¿verdad?

Nos divierte mucho compararnos entre nosotros y con los jóvenes. Podríamos contarles cosas que ni siquiera imaginan que inevitablemente les acabará pasando. Unos quieren oírnos y otros no. ¿Te negarías a tener un vigía en la vanguardia, alguien que te vaya diciendo qué te espera en la travesía que vas haciendo? ¿No sabes que cuando más arriba estás, más amplio es el panorama que se divisa?

Por eso a los de este vagón nos interesa tanto la cultura y la historia: es como si ahora la entendiésemos mejor. Leer nos mantiene tan en forma como el deporte, pero sobre todo estamos aquí porque nos gusta estar acompañados. A veces refunfuñamos un poco y nos ponemos cascarrabias, pero en el fondo nos encanta seguir en la manada.

Está claro que la vida es un constante flujo de presentes, pero en cada uno somos un poco más sabios que en el anterior. Quien no acepta el devenir y la vejez tampoco está en condiciones de aceptar el presente.

La vida es el tiempo... que muchos pierden tratando de detenerlo».

Tres ancianos y una Vieja Dama

Cargado con un pesado haz de leña, el primer anciano se detuvo a descansar a un lado del camino. Encorvado y quejoso, pensó que aún le restaba un largo trecho para llegar a su miserable cabaña.

—Mi vida no vale nada —murmuró con un suspiro—. No hago más que trabajar y lamentarme. Si no es por la mujer, mañana será por los hijos; si hoy no me esquilman los impuestos, mañana lo harán los médicos o los usureros. Sólo vivo para andar de desgracia en desgracia. No sé por qué no viene de una vez la Muerte a...

—Aquí me tienes... —dijo a su lado la Vieja Dama—. ¿Qué quieres?

El anciano sintió un arañazo de terror en el pecho.

—Pues... ¡que me ayudes a cargar otra vez esta leña a mi espalda! —le responde.

El segundo viejo tenía casi cien años, pero aún estaba con fuerzas para protestar airado cuando la Vieja Dama vino a buscarlo.

—¡Tendrías que haberme avisado! —le reprochó—. Aún no he hecho testamento, mi mujer me necesita y no hemos acabado la ampliación de mi casa para acoger a unos parientes. ¿Te parece justo presentarte así, tan de improviso?

—¿Y aún te quejas? —dijo ella—. Tienes casi cien años y has gozado de salud y bienestar. Dime si conoces otros diez como tú. A tu edad ya tendrías que haber hecho el testamento; tu mujer te seguirá pronto y los parientes acabarán la casa. ¿De improviso, dices? ¿No fueron suficiente aviso los dolores de tus huesos, la falta de vista, de olfato y de gusto? Tienes frío cada día y no puedes vestirte ni alimentarte sin ayuda. Con cien años ya has visto demasiadas muertes injustas como para enfadarte por la tuya. Otros ni siquiera me han visto llegar y me reprochas que sea amable contigo. ¿Sabes qué ocurre? Que ya estás casi muerto, por eso puedes hablar conmigo. Así que calla y acompáñame.

El tercer anciano tenía casi la misma edad pero estaba plantando un árbol. Pasaron unos jóvenes y se burlaron de él.

—No verás su sombra, viejo. Ponte a descansar y haz cuentas con el pasado. Disfruta: a tu edad no son buenos estos esfuerzos.

—Sois vosotros los que gastáis vuestra fuerza en vanidades. Corta o larga, en la vida siempre hay que tener proyectos. Ahora disfruto de mi pasado y me gusta dejar algo para el futuro. Si no yo, mis descendientes descansarán bajo este árbol y me recordarán con cariño. ¿Quién puede asegurarnos nada? Aún puedo vivir más que vosotros.

Invisible, la Vieja Dama asintió. Poco después se fue llevando, uno a uno, a los tres jóvenes.

LO QUE DIJERON LOS ENFERMOS

«Sí, estamos enfermos. Posiblemente lo estaremos mucho tiempo, de modo que ya hemos perdido el miedo a estarlo. Alguno de nosotros estuvo tanto tiempo pendiente de los síntomas que ni se dio cuenta cuando enfermó de verdad; incluso es posible que otros le dieran tanta importancia que acabaron por provocarla. Quizás el miedo a las enfermedades ya es un modo de estar enfermo y debería ser tratado como tal. Hay muchas enfermedades, pero también infinitos modos de estar enfermo.

No nos toméis al pie de la letra, hablamos sólo de lo que nos pasó —y nos seguirá pasando— a los pocos que vamos aquí. Os contaremos lo que pensamos del hecho de estar enfermos y lo que aprendimos unos de otros en este viaje. Pero como dicen muchos viajeros: no están todos los que son (enfermos), ni son (enfermos) todos los que están...

Estamos enfermos porque se nos ha desequilibrado una parte de nuestro ser. Somos una totalidad formada por un cuerpo, una mente y un espíritu. Ellos se expresan unos a otros y han de estar en equilibrio. La salud es equilibrio, de tal modo que cuando uno se debilita, la otra parte debe redoblar el esfuerzo.

Somos un todo, y a quien diga lo contrario le preguntaríamos, por ejemplo, por qué usamos el corazón para amar, hablar o sentir penas y alegrías si sólo es un órgano. O por qué un dolor nos deprime. O por qué se habla tanto del efecto placebo...

Así pues, lo único que podemos deciros es que nuestras mentes y espíritus están ahora trabajando a tope, ya podéis imaginaros por qué... Posiblemente logren equilibrarnos el cuerpo. O no. Lo importante es quitarles un poco de trabajo.

¿Qué hacemos? Desechar lo que signifique un sobreesfuerzo para la mente y el espíritu: las emociones negativas, los malos rollos, la desesperanza, el abandono. Nos atendemos a nosotros mismos con afecto y nos gustan los suplementos externos, que son como un medicamento más: cariño, mucho humor y nada de lamentos ni gestos dramáticos. Quienes nos aman lo saben y nos sostienen, porque a través de nosotros han aprendido a amar sus propias vidas.

Dejamos que los médicos y terapeutas hagan su parte y somos nosotros quienes los ayudamos. Hemos conocido los límites que en este momento nos impone el cuerpo, pero eso no significa que no lo podamos cuidar, ejercitar y animar desde la mente y el espíritu.

Por lo demás, hay quien reza, quien practica yoga o quien escucha música durante horas. Todo vale para un alma con sobrecarga laboral.

Claro que os contaremos también lo que hicimos antes de ponernos realmente enfermos.

Algunos estábamos tan obsesionados con no llegar a esto que lo cuidábamos todo: alimentación, deportes, trabajos, actividades... todo se medía según el grado de peligro o beneficio que tuviera para nuestra salud. Leíamos todo lo que había al respecto y tratábamos de sacarle el mayor provecho posible al cuerpo, como si fuese una máquina sin alma. Así, cualquier síntoma era un aviso, una alarma y también una derrota.

Otros no le prestamos atención a nada, nos daba igual lo que hacíamos con nuestro ser. Y sobrecargamos el cuerpo con malos hábitos y la cabeza con malos rollos. Hicimos tanto lo que nos gustaba como lo contrario: nos hartamos tanto del placer como fuimos incapaces de evitar lo dañino. Todo ha sido 'a tope', lo bueno y lo malo.

Para unos la vida era un perpetuo trabajo contra el tiempo y las enfermedades. Para otros no tenía valor en absoluto.

Así que cuando aparecieron los primeros síntomas y los primeros diagnósticos, algunos no se lo creyeron y se lanzaron a buscar otros médicos y más pruebas. Cuando algo se confirmaba, volvían a correr a la consulta de otro, y así acabaron más enfermos, más confundidos, y con un montón de tratamientos a medias.

Otros se pusieron muy furiosos y comenzaron a buscar culpables, e incluso llegaron a recriminarse tanto a sí mismos que acabaron por 'castigarse' con el abandono.

Otros simplemente se derrumbaron y decidieron que allí mismo se acababa todo y no murieron de enfermedad sino de pena.

¿Nosotros? Os lo dijimos: simplemente reconocimos que estábamos enfermos y nos pusimos a trabajar en ello. Comprendimos que se había producido una limitación en alguna esfera de nuestras vidas, sea en lo físico, lo mental o lo espiritual. Pero hemos tratado de no anularnos: sólo estaba enferma una parte de nuestro ser y afectaba lo que hacíamos con ella. Pero no todo.

Hemos sabido que le dábamos tanta importancia a la salud porque era sinónimo de energía y seguridad, de modo que una enfermedad era algo así como un desprestigio, un menoscabo de nuestra imagen. Creímos que estar enfermos era una especie de culpabilidad, lo que no significa ser irresponsables.

Podemos ser, según los casos, responsables de nuestras enfermedades, pero nunca culpables, ya que sería una forma más de no querer ver dónde estuvo el fallo: posiblemente fue algo físico, pero también pudo ser psíquico, o emocional.

De lo que sí somos responsables es de la manera que elijamos de estar enfermos. Además de medicarnos, tratamos de recomponer nuestro equilibrio. Entendemos nuestro cuerpo, y por ende nuestra enfermedad, como una sinfonía de muchos instrumentos donde todo tiene su *tempo*, su partitura, y hasta donde los silencios son valiosos.

Nosotros pondremos alma a esa partitura y trataremos de ejecutarla lo mejor posible.

Nos hemos decidido (y arriesgado) a luchar.»

El pecado original

A punto de ser ajusticiado, el sabio manifestó que deseaba expresar sus últimas palabras. El verdugo consultó a los jueces y éstos dijeron que sí.

—¡He dado con la fórmula! —gritó—. Pero ésta es mejor que la otra: ¡he encontrado la fórmula de la inmortalidad!

Los jueces elevaron sus ojos al cielo y la multitud se arremolinó alrededor del cadalso.

Y es que aquel anciano había despertado la simpatía no sólo entre el pueblo sino en buena parte del tribunal. Simplemente no pudieron hacer mucho por él ya que, tras rebatir a su mismo abogado, se encerró en un mutismo que lo ausentó de la realidad... donde acabó condenado.

Bien es cierto que había matado a su mujer y a la nodriza de una sola vez, pero no en un momento de locura transitoria, como pretendió argumentar su abogado, sino con plena conciencia de sus facultades, faltaría más...

Según alegó, estaba a punto de lograr una sustancia que aseguraría la salud de la humanidad durante miles de años cuando las dos mujeres se enzarzaron en una disputa doméstica. Al parecer, el buscado elixir consistía en alterar un par de elementos de otra sustancia muy inflamable que en ese momento tenía en un recipiente, pero la fórmula se le borró de la mente en unos segundos a causa del griterío. Aquello le provocó tanta cólera que arrojó el bote contra las infortunadas, que perecieron abrasadas de inmediato.

Por ello, ni la conciencia de aquel asesinato ni el juicio posterior le hicieron desistir en su propósito de dar con la dichosa fórmula, que no dudaba sería de invalorable beneficio para el mundo entero. Por eso asistió a todo aquel trámite ensimismado en sus cálculos, que justamente habían concluido unos segundos antes de perecer en manos del verdugo.

Pero lo más increíble era que, con otro par de modificaciones, aquella fórmula mortífera pasaría de ser un medicamento universal... a nada menos que el elixir de la vida eterna.

Naturalmente, aquel anuncio dado a voz en grito desde el cadalso provocó una inmediata revuelta popular para que se pospusiera la ejecución, una gracia que tras febriles negociaciones con el gobierno le fue concedida de manera provisional. Si el sabio lograba demostrar la viabilidad de su fórmula sería definitiva, pero en el caso contrario sería ejecutado sin ninguna dilación.

Poco después, un comité universal de sabios escuchaba las explicaciones del condenado, quien partió de la idea de que era totalmente falso el viejo axioma de que todo lo vivo perece. Según su descubrimiento, la inmortalidad podría ser un hecho si se cumplían dos condiciones.

En primer lugar, el elixir sólo podía ser inyectado a una sola persona del mundo, aunque a partir de ésta todos sus descendientes serían inmortales. En segundo lugar, dicha pócima sólo era posible extrayendo cierta microscópica e infinitesimal sustancia de todas las personas que habitaban el mundo a través de una sencillísima operación, aunque considerablemente dolorosa.

Era obvio que aquello implicaba un esfuerzo monumental y unos costes que afectarían a la economía de todos los pueblos del planeta, independientemente de su grado de civilización. También era indudable que, si la fórmula daba resultado, cualquier esfuerzo estaría justificado.

Aunque de momento el comité de sabios reconoció la perfección de sus cálculos y todas las autoridades del mundo decidieron implicarse en el proyecto, su puesta en marcha trajo dos problemas graves.

El primero fue a quién se le inyectaría la poción de la inmortalidad. El segundo, derivado del anterior, fue en realidad otro interrogante: ¿estarían todas las personas del mundo dispuestas a sacrificarse para que una sola fuese inmortal?

Las dudas no tardaron en confirmarse: llevadas por previsibles sentimientos de egoísmo, envidia o lo que fuere, muchísimas personas no estaban dispuestas a sacrificarse en lo más mínimo para que otra lograse la inmortalidad, por más que se tratara de la primera de una futura raza.

Salvo que ellas fuesen las elegidas, claro está. Pero como sólo podía ser una sola, estaban seguras de que el recuerdo de la inmortalidad perdida los iba a torturar hasta el fin de sus días, de modo que no estaban dispuestas a arrastrar semejante peso por un desconocido.

Tras interminables congresos y negociaciones se llegó a la conclusión de que lo mejor sería que una votación mundial decidiese el nombre del elegido. Pero tras un escrutinio por continentes, por países, por ciudades y por familias el resultado fue absolutamente desolador: cada uno se votó a sí mismo. No hubo una sola persona en todo el mundo que obtuviese más de un voto... Obviamente, el sabio estuvo excusado de votar porque ya estaba condenado de antemano y no era cuestión de indultarlo para la eternidad. Tampoco el recurso de la lotería fue aceptado, ya que seguramente buena parte de la humanidad sería mal perdedora y acabaría por negarse a la operación por aquello de «o yo, o nadie»...

En fin, que aquel agotador esfuerzo no sirvió para nada y, puesto que la fórmula del sabio era inviable, la sentencia acabó por cumplirse.

Y el egoísmo, la falta de solidaridad y de amor, los celos y la envidia siguieron condenando a la humanidad a su eterna muerte.

LO QUE DIJERON LOS MORIBUNDOS

«Como veis, aquí hay niños, jóvenes y adultos. Para todos es la misma injusticia: nunca es tarde para querer vivir un poco más, aunque en ello supongamos la muerte.

En ese sentido ya hemos pasado, unos más que otros, por todas las etapas de la enfermedad: del rechazo y la rebelión a la aceptación y la tranquilidad. Sabemos que hay un solo final para nosotros, aunque ya lo veis: queremos seguir viajando porque ya no tenemos miedo a vivir...

No, no nos hemos equivocado: el miedo a la muerte es el miedo a vivir.

Vivir para nosotros fue gozar y también sufrir, dolernos o envejecer. Hemos luchado, por supuesto. Pero ahora sabemos que vivir ha sido una oportunidad de ser, y creemos haber aprovechado las 'cuotas' de lo que nos ha tocado. Para unos ha sido poco; excesiva para otros.

Para algunos vivir es una pura magia: nada se puede explicar, ni tan siquiera la muerte.

En cambio, otros la entendemos como una realidad que evoluciona, y por lo mismo es portadora de un fin.

Durante mucho tiempo algunos creímos que la muerte era algo ajeno, un accidente que jamás nos podía pasar. Cuanto más sabíamos de las enfermedades y la muerte, más nos negábamos a aceptarlas. Y así nos alejamos cada vez más de la vida. Para nosotros, vivir significaba una existencia sin escollos ni sufrimientos, y la posibilidad de su fin era un estorbo que preferíamos ignorar. Parecía que siempre teníamos la eternidad por delante. Ahora reconocemos que hay un límite, aunque en este momento lo vamos moviendo un poquito más adelante, cada día un poco más...

Algunas veces, en cambio, caíamos en una obsesión contraria y nos consumíamos en el tormento de la muerte. Estaba escondida en todo y renunciamos a muchos goces por la mera posibilidad del riesgo. ¡Hemos bloqueado tantas oportunidades de vivir por el miedo a morir!

La muerte es tan real como la vida. Pero hasta que llegue, la vida sigue; parece una tontería pero es increíble lo que nos sostiene: al fin y al cabo seguimos siendo sus protagonistas.

Entretanto algunos encuentran sosiego en las creencias, en la espiritualidad, en el más allá.

Otros buceando en su interior, en lo que no ven pero presienten que es eterno.

Otros en el riesgo constante, en jugar con la vida hasta perderla.

Unos la ven sólo como un fin de lo físico.

Otros creen que no hay nada más allá del cuerpo.

Para unos es el inicio de una nueva etapa, en otra esfera o dimensión.

Para otros es una disolución en la nada.

Para unos es el fin de un viaje; para otros un retorno.

¿Qué opinamos? Que la muerte es la más intransferible de las vivencias, nadie ha regresado de ella para contárnosla. Así que la única respuesta que tenemos es la reafirmación de la vida, porque a pesar de nuestra muerte, ella seguirá.

Seguiremos viajando porque hemos descubierto que todas las felicidades están en el trayecto, pocas veces en el final.»

El sueño del río

Aquel río era verdaderamente bello y amado. Nacía en las montañas cuando el sol derretía las nieves y bajaba en pequeños arroyos que después se unían en una magnífica cascada. Allí, unos extraños peces de color rosa venían a dejar sus huevos para después morir.

No le agradaba mucho que aquellos indómitos animalillos eligieran justamente el sitio donde él nacía para sacrificar sus vidas, pero también sabía que mucho más abajo, sus hijos iniciarían otra vez el viaje para repetir el mismo ciclo.

Olvidado de que la muerte ya estaba en los inicios de su vida, corría presuroso entre altos farallones para derramarse sobre valles y llanuras, donde se entregaba gustoso a la sed de los campos y las criaturas. Limpiaba ropas y movía los molinos, descansaba en remansos, surgía en las fuentes y volvía otra vez a su cauce para que lo atravesaran las barcas y nadaran los peces. Era a la vez útil y hermoso, y aquello lo hacía feliz.

Por eso le daba mucha rabia que al final, algo cansado de dar tanta vida, sus aguas fueran tragadas sin remedio por un inmenso desierto. Una y otra vez cogía fuerzas y se lanzaba impetuoso contra él, pero invariablemente el otro acababa por vencerlo. El viento, que siempre andaba haciéndole compañía, solía susurrarle:

—No te apenes, yo te ayudaré a volar sobre el desierto.

Pero el río se resistía orgulloso y volvía a atacar en vano las arenas.

Pasaron muchos años hasta que, harto de luchar sin resultado, le dijo al viento:

—Está bien: hazme volar. No quiero acabar siempre igual.

—Para eso tendrás que dormir —le contestó el viento—. Sólo en sueños comprenderás mis palabras.

Así que el río, poco a poco y durante años, en vez de lanzarse con inútil impulso contra el desierto, comenzó a quedarse un poco antes, escondido en un recodo. Los habitantes de las cercanías vieron aquello y le ayudaron trayendo piedras y ramas hasta que tras un siglo de luchas el río se transformó en un inmenso pantano. Pero aún no había volado sobre el desierto y así se lo reclamó al viento.

—Trata de dormir y de recordar tu sueño —le contestó.

Y fue así como, por primera vez en incontables siglos, el río decidió tomarse un descanso, calmó sus aguas y comenzó a soñar. Y así vio que en realidad llevaba muchísimo tiempo viajando: el sol lo elevaba cada día en sutiles vapores que subían y subían hasta convertirse en nubecillas que el viento llevaba con infinita dulzura hasta juntarlas con otras y otras y otras...

Y después, transformadas en nubes portentosas, iban remontando los cielos mientras los peces de color rosa hacían lo mismo en sus aguas, allá abajo, buscando a saltos un lugar donde dejar sus huevos para después morir. Y así, llevado por el viento, el río vio que se convertía en lluvia y después en nieve para seguir soñando en las mismas montañas donde, por fin, una mañana el sol lo despertaría para comenzar, otra vez, el largo viaje hacia el desierto.

—¿De modo que siempre ha ocurrido esto? —preguntó al despertar— ¿Por qué nunca lo recordé?

Fue entonces cuando por fin el desierto habló:

—Porque así es el destino de la vida. Es un sueño que escribe el tiempo en mis arenas y el viento se encarga de borrar. Pero siempre se acaba por volver.

Duodécima estación: *La solución mágica*

EL PRIMER VAGÓN

Si pudieran, estos pasajeros irían en la locomotora sólo para poder tirarse del tren si intuyen la posibilidad de un accidente. Han sido los primeros en llegar a la estación pero no han bajado en ninguna parada; llaman constantemente por teléfono, consultan horarios y números mientras hacen cábalas sobre la conveniencia de viajar en un asiento impar o el significado de una nubecilla en forma de oruga que han visto en el horizonte.

Los hemos observado un rato con atención y por sus comentarios hemos realizado un retrato-robot algo exagerado pero que resume lo que ocurre con estos viajeros. Estamos seguros que en más de un aspecto los lectores se reconocerán a sí mismos o a alguien conocido.

Estos viajeros desconfían de todo y viven en la duda permanente sobre cualquier opción. La sola posibilidad de un cambio les angustia y su estado habitual es la intranquilidad.

Si a los pasajeros aquejados de culpa les aterraba el pasado, a éstos les atribula el futuro. Nada es suficiente para calmarles el estado permanente de congoja por lo que pudiera ocurrir, y sobre cualquier alegría presente se cierne la oscura nube del porvenir.

Pero no son gente rara, todo lo contrario: hablan y se relacionan con los demás pasajeros y son capaces de desarrollar una vida cotidiana bastante normal.

Sólo que nadie se da cuenta de su eterna desconfianza, de la habilidosa manera con la que son capaces de encontrar los posibles inconvenientes en cualquier proyecto ajeno y de su nula capacidad para encarar los propios. Desconfiados y a la vez confusos, el mundo se les presenta como un todo en permanente desorden, falto de control y a merced de cualquier catástrofe.

En resumen, su estado permanente es la preocupación, lo que en más de una ocasión los lleva al inmovilismo y la frustración.

Pero no obstante ocurre algo raro: en vez de hacer planes para cambiarlo o proponer alguna solución, hemos visto que nuestros viajeros comentan no sin cierta jactancia teñida de secretismo que intuyen tales consecuencias, o alguien le ha dicho lo que podría pasar; para lo cual les han recomendado ciertos amuletos y alguna que otra infalible receta milagrosa.

Un poco desconcertados por este panorama, y puesto que al parecer su inquietud se centra en el porvenir, hemos pedido a los viajeros que nos respondan una cuestión: ¿Creen que éste depende de ellos o del destino? En otras palabras: ¿El futuro es algo en lo que se puede intervenir o simplemente depende del azar?

Hubo dudas y largas discusiones porque les exigimos una sola respuesta que englobase el sentir general, así que por fin nos dijeron que, para ellos, el futuro no era otra cosa que una ruleta rusa, una cuestión de suerte, y que el destino de cada uno ya estaba prefijado de antemano.

—¿Y entonces por qué os preocupáis tanto por él? —les preguntamos con asombro.

—¡Porque no lo conocemos! —nos respondieron, como si fuera la cosa más natural del mundo.

No sabemos qué ocurriría en el caso de que lo conocieran, pero de lo que ya no dudamos es que nos habíamos metido en el vagón de los adeptos al pensamiento mágico

EL DESTINO EN OTRA PARTE

Nada nuevo bajo el sol, nos dijimos: la humanidad está buscando nuevas residencias más allá de la Tierra mientras los humanos seguimos creyendo en el mal de ojo; la genética nos descubre las maravillas del ADN, pero será mejor que no viajemos un viernes 13...

Enfrentados a sus miedos, hay quien encuentra descanso en sus creencias, mientras otros no salen a la calle si no consultan al horóscopo.

La sibila

Atraído por la fama de la sibila, el emperador decide consultar su oráculo. Todo está dispuesto para recibir la magna visita: el templo huele a flores y laureles, los pebeteros despiden nubes de incienso y el aire está cargado de un misterioso magnetismo.

El emperador llega hasta el sitial de la pitonisa, que ya lo espera ebria de visiones y grandeza. Una sacerdotisa se acerca a él y le pregunta qué desea saber.

El hombre se encoge de hombros y murmura:

—¿No es ella la adivina?—, y tras pensar unos segundos agrega: —Está bien, que me diga qué debo hacer para mejorar mi reinado.

La sacerdotisa se lo dice al oído a la sibila, quien tras respirar unos minutos con extrema agitación comienza a temblar; todo su cuerpo se sacude en convulsiones, las joyas tintinean en sus manos, que se elevan como garras hacia el cielo. Pone los ojos en blanco y comienza a gritar:

—¡Iluminado de los dioses! ¡Practica la piedad con los humildes y sé estricto con los ricos! ¡Honra el pasado y prepara el futuro! ¡Defiende la patria, destierra la pobreza y cuida a los enfermos! ¡Castiga a los delincuentes, los hipócritas y los impíos! ¡Educa a los niños y defiende a los ancianos! ¡Sé justo con los rectos y duro con los malvados, los adúlteros y pecadores! ¡Sé honrado, modesto e incorruptible!

Dicho esto se desploma en el suelo, lanzando espumarajos.

—¡Ha caído en el delirio! —dicen con asombro los de la comitiva real.

El emperador se levanta meneando la cabeza con escepticismo.

—Es verdad: todo lo que ha dicho es un auténtico e irrealizable delirio —comenta decepcionado mientras se encamina a la salida.

Y es que desde la más profunda prehistoria, los seres humanos tuvieron que buscar alguna respuesta a lo inexplicable. Desde los terremotos a las fases de la luna, las fuerzas del cosmos actuaban no sólo con extraordinaria intensidad sino con total independencia de la voluntad humana, unas veces de forma cíclica y otras por sorpresa, como si «algo» o «alguien» decidiera la suerte o la desgracia de los seres y la naturaleza.

Así fue como, en un intento de tranquilizar sus temores, la humanidad creó a sus dioses. Los creyentes nos dirán que fue al revés y lo aceptamos, pero lo cierto es que a partir de un momento se intuyó la existencia de un motor de todo: el origen de la vida estaba en algo tan grandioso e inabarcable como ese Ser Supremo al que después se le dieron nombres, templos y biografías. Habían nacido las religiones.

Mas no todos podían hablar directamente con él, de modo que hubo que designar a ciertas personas para que hicieran de intermediarios: habían nacido los chamanes y sacerdotes.

De todas maneras, en realidad seguían ocurriendo cosas que no tenían que ver con los grandes fenómenos naturales, sino con lo más cotidiano. Alguna piedra o ciertas plantas de pronto no se comportaban como las otras, o ciertas personas eran capaces de ver lo que para otros era totalmente invisible, o la misma naturaleza de pronto hacía locuras: había nacido lo sobrenatural, la magia... y los magos.

Muchísimos siglos después, las verdades más trascendentes y la búsqueda de explicaciones y seguridades siguen estando para muchos en la religión o en la magia, cuando no en ambas, con lo que estamos ante las creencias mágico-religiosas.

Pero como los dioses no cambian y se mantienen siempre fieles a su definición más antigua, el pensamiento religioso establece una lógica bastante estable a lo largo de los siglos. Se puede discutir una y otra vez sobre los dogmas y el ejercicio de una creencia, pero no suele dudarse de los dioses, cuyo poder absoluto se mantiene siempre por encima de sus propios fieles.

En cambio, el pensamiento mágico es extraordinariamente mudable y heterogéneo, ya que depende más bien de quien lo ejerza o lo practique. Por lo general, las personas con tendencia al pensamiento mágico desestiman la lógica, de la misma manera como lo haría un niño o un ser primitivo. De este modo, las cosas pueden ocurrir o no, dependiendo de la realización de determinados rituales como tocar un objeto, recitar ciertas frases o realizar algún «pase».

Pero si el pensamiento mágico indica una relación casi anormal o enfermiza con la realidad, resulta notable la cantidad de personas que, al igual que nuestros viajeros decididamente «normales», sigue creyendo en la virtud de ciertos amuletos o en la infalibilidad de brujos, videntes y lectores de todo tipo de señales del más allá.

Incluso hay quienes, partiendo de una aparente incredulidad, mantienen contacto con las supersticiones... «por si acaso».

CREYENTES Y CREÍDOS

De modo que estamos en otro vagón donde el miedo y las inseguridades hacen estragos, aunque la particularidad de éste reside en que sus ocupantes han encontrado el modo de hacerles frente gracias a la mediación de un objeto, una acción o la palabra de alguien, que en este caso actúa a la manera de los antiguos chamanes: como intermediario entre la realidad y lo sobrenatural, entre el presente y lo que estos viajeros desean anticipar.

La inquietud ante el futuro es un sentimiento normal, pero para muchos resulta insoportable e inmovilizante, por lo que deciden buscar soluciones y consuelos externos. A veces no son comprensibles, accesibles o suficientes los auxilios de la religión o la medicina, de modo que aparecen estos extraños salvadores, encarnados en supersticiones, brujerías, horóscopos, lectura de manos y toda suerte de sortilegios y talismanes.

Sería imposible definirlos a todos, pero quizá valga la pena entender qué nos ocurre para que de pronto uno de estos «intermediarios» con el destino nos resulte tan necesario y capaz de insuflarnos optimismo.

Posiblemente alguien opine que no se trata más que de embaucadores, comerciantes y chantajistas. Pero también habría que considerar por qué una persona más o menos informada es capaz de ignorar las posibilidades de la religión o la sanidad pública para sentirse más cerca de una voz anónima que le traerá algo de consuelo a través de una línea telefónica, cuyo coste es absolutamente desproporcionado a sus posibilidades... y sin un ápice de verosimilitud. Antes de juzgarlos con ligereza, convendría preguntarse si algo no estará fallando...

El aprendiz de hechicero

Aunque parezca mentira que un cuento comience así, había una vez un hombre feliz. Amaba a su mujer y a sus hijos, trabajaba en algo no demasiado desagradable, tenía buena salud y un hogar confortable.

Como estaba próximo su cuarenta cumpleaños, sus amigos (que también le querían) estuvieron cavilando mucho tiempo sobre qué podrían regalarle. Finalmente decidieron juntar sus monedas (en aquella aldea nadie era especialmente rico) y esperaron a un buhonero que cada tanto pasaba por allí con telas, ollas de guisar y toda clase de baratijas.

Revisando entre sus cosas dieron por fin con algo que les pareció apropiado: un libro sobre la felicidad. Se lo entregaron en medio de un convite en el que participó todo el pueblo, aunque desgraciadamente fue el último en el que lo vieron feliz.

Nadie supo realmente qué leyó aquel hombre, pero de pronto le entraron unas ansiedades por demás extrañas: todo lo que sucedía tenía que tener una relación con algo, un motivo o una consecuencia; dudaba antes de cada palabra y cada acto, como si cualquier paso en falso pudiera conducirlo a consecuencias irreparables. Aquel libro instaló la duda en su vida, en la que aparecieron palabras que antes jamás había usado: futuro, sabiduría, destino, eternidad, absoluto...

«¿Qué es la felicidad?», se preguntaba. Y como escuchaba toda clase de respuestas volvía a enredarse aún más en sus disquisiciones. Finalmente concluyó que sólo el sabio que escribió aquel libro podía sacarlo de tantas inquietudes; el problema era que éste vivía en un remoto país más allá de muchos ríos y montañas. Así que finalmente dejó su trabajo, se despidió de su familia y amigos y partió en su búsqueda.

Tres años anduvo tras la pista del sabio. Tres años en los que pasó frío, sed y hambre; lo asaltaron bandidos y atacaron las bestias; mendigó como un pordiosero, peleó junto a soldados y lo encarcelaron por su aspecto. Pero nada le hizo renunciar a sus preguntas: lo absoluto, la eternidad y la sabiduría le aguardaban al final de sus penurias.

Por fin, una mañana ascendió hasta la montaña en donde moraba el sabio. Llamó a su puerta y lo atendió un venerable anciano de largas bar-

bas y mirada dulce, a quien mostró como prueba de su epopeya lo único que le quedaba: una de las páginas del libro. Todo el resto había sido utilizado para hacer fuego en medio de la noche o envolver el trozo de carne seca con el que se alimentó durante días.

—¿De modo que has dejado una mujer y unos hijos a los que amabas, un trabajo «no demasiado desagradable», has perdido tu salud y un hogar confortable sólo por venir a preguntarme sobre la felicidad? ¿Has perdido tres años de tu vida para saber cosas como el futuro y la eternidad?

El hombre agachó la cabeza y asintió, mientras algo en su interior comenzaba a resquebrajarse para dar paso a la primera certeza después de tres largos años: la felicidad consistía en no tener que preguntarse sobre la felicidad.

—No puedo enseñarte nada, buen hombre —le dijo el sabio, alcanzándole un tazón de caldo—. Nada de lo que buscas está en las palabras que pueda decirte. Todo estaba como proyecto en ese libro, pero no has sido capaz de ver que ya lo tenías. Si aún estás a tiempo, sólo deseo que puedas reconquistar aquello que dejaste atrás. Vuelve a tu hogar. No puedo enseñarte nada sobre la felicidad porque eres el único que llegó hasta aquí tras haberla perdido.

Como decíamos, en vez de juzgar a estos viajeros, digamos que para ellos, como para todo el mundo, la vida no es fácil ni lineal: hay etapas buenas y malas, altibajos, frustraciones y alegrías. Frente a cada una de estas alternativas, las personas intentan resolverlas a medida que ocurren y como mejor pueden, de acuerdo con su cultura, su historia personal y su situación socioeconómica.

De manera muy general, quienes confían en sus propias decisiones resuelven sus problemas con más autonomía; por el contrario, los que creen en la intervención de fuerzas externas dependen siempre de los demás... y de la suerte.

Asimismo, el grado cómo les afecten las contrariedades será proporcionado en los primeros, en tanto que los otros caerán en la desesperación ante cualquier contratiempo. En otras palabras, las evaluaciones y las respuestas a los problemas tienen que ver con las experiencias y la subjetividad de cada persona, así como del momento vital en el que aparecen. Unos podrán afrontarlos con la ayuda de la razón, otros con la fantasía.

Pero además, parece que también la suerte o las buenas y malas estrellas suelen cebarse con unos y desaparecer completamente para otros. Hay quien parece perseguido a sol y a sombra por toda clase de malos espíritus, y en cambio a otros no se les despega nunca un ángel protector de sus espaldas. A veces todo parece depender de las habilidades propias; pero otras —como dijeron los viajeros— la vida se convierte en un juego de azar.

En resumen, la vida tiene aspectos tan ricos y variables que más de un acomodado empresario sigue jugando a la lotería del mismo modo que una ama de casa se gasta parte de su magro presupuesto en consultar a una pitonisa.

El «por si acaso» del primero no está muy lejos de la solitaria ansiedad de la otra; ambos tienen cierta confianza en que detrás de las realidades cotidianas aún se mueven fuerzas misteriosas y destinos prefijados en la ruta de los astros, las líneas de las manos o los antojos de la Fortuna.

La ansiedad y la dificultad en una toma de decisiones no es una condición de los humildes sino de los débiles e inseguros. Esto lo saben desde los astrólogos de la *jet set* hasta las echadoras de cartas por teléfono.

Según sus posibilidades, unos pedirán consejo a un lector de posos de café y otros lo harán en el carísimo diván del analista. Ambos tienen la misión de apaciguar sus inquietudes.

Posiblemente se trate de una cuestión de cultura e información, pero seguramente muchos de nuestros viajeros prefieren aferrarse a un amuleto y proseguir el viaje que sumirse en una depresión y arrojarse a las vías de este mismo tren.

El mejor astrólogo

Después de muchos años de servir a ricos y pobres con sus artes adivinatorias, aquel astrólogo había amasado una inmensa fortuna. Era tan famoso por sus capacidades que, tras mucho insistir, un grupo de admiradores logró que crease una escuela donde impartir sus conocimientos. De este modo, le dijeron, su saber no quedaría perdido sino que podría transmitirse a las generaciones futuras.

Presionado por los poderosos, el sabio aceptó aquello a regañadientes. Se encerró durante mucho tiempo a escribir un libro que luego entre-

gó a sus alumnos, pero tras cinco años de estudio no dejó que uno solo de ellos hiciera un horóscopo para alguien que no perteneciera a la escuela. Cuando sintió que comenzaba su declive físico definitivo, los convocó para darles la última clase.

—Os he reunido para deciros que la astrología no existe como disciplina adivinatoria —dijo ante el estupor general.

—Pero maestro... estos años de estudio, el libro... —balbuceó uno de los aprendices.

—Lo escribí justamente para que quedara constancia de su inutilidad. En todos estos años, entre vosotros mismos no habéis coincidido una sola vez en un horóscopo, y sin embargo habéis continuado obcecadamente en aplicarlo. Ni uno solo se interesó en la observación de la naturaleza, la conducta humana o el movimiento real de los astros. Simplemente habéis estado mirando esas páginas inútiles.

—Pero sin embargo vos sí os dedicabais a recibir consultas...

—... que nunca respondí por signos vacíos, sino guiándome por la lógica y el conocimiento que extraje de la lectura y la observación. ¿Dónde habéis encontrado una ciencia que tenga unas reglas tan limitadas que puedan caber en un solo libro? ¿No habéis tenido ninguna pregunta cuya respuesta pudiera estar en otro sitio que no fuera ése? La sabiduría se sustenta en la confrontación, algo que no habéis hecho jamás.

Indignados, los estudiantes de astrología le dijeron que había estado burlándose de sus clientes y de ellos.

—A mis clientes les dije lo que querían oír —se defendió el anciano—, y que yo sepa jamás me reclamaron nada. Y en cuanto a vosotros, siempre os dije que las puertas estaban abiertas para el que no estuviera conforme. Queríais conocer la astrología, ¿verdad? Ya conocéis sus alcances. Los que habéis llegado hasta aquí seréis desde ahora los mejores defensores del estudio de la realidad y del rechazo a la superchería.

Pero como algunos seguían enfurecidos con lo que consideraban una estafa y lo amenazaron con acudir al rey, el maestro les dijo:

—Por fortuna, nuestro rey es el menos creyente de los horóscopos. Escuchad: yo mismo estuve en la corte cuando aún era un príncipe y estaba a punto de ser coronado. Como la fecha para ese evento era una cuesción de vital importancia, consultó a varios sabios y astrólogos. Los dos grupos discutieron durante horas. Los primeros decían que sólo eran capaces de calcular los días en que haría buen tiempo, en tanto que los segundos afirmaron que la mejor fecha la decidiría el horóscopo.

Cuando el rey estaba a punto de decidirse por esta última opción, uno de los sabios preguntó si no era conveniente realizar un horóscopo del mejor día para hacer el horóscopo del día de la coronación. Los astrólogos dijeron que aquello era correcto, lo que aprovechó el sabio para volverles a preguntar de qué modo se podía hacer un horóscopo del horóscopo de una determinada fecha si ésta no estaba fijada, con lo cual las disputas se volvieron aún más enrevesadas.

Pero como el tiempo apremiaba, el emperador expulsó a todos del palacio y decidió por sí mismo la fecha de su propia coronación.

—¿Y en qué bando estabais vos? —le preguntó un alumno.

—Tenéis todas las herramientas para deducirlo vosotros mismos —respondió el anciano, dando fin así a su última clase de astrología.

EL MAGO INTERIOR

Los viajeros de los que hablamos tienen pues dos características: la primera es que su perspectiva del futuro es angustiosa y tirando a pesimista; y la segunda es que para calmarse acuden a recursos que pertenecen al mundo de lo mágico-religioso o los poderes sobrenaturales.

Aparentemente, la segunda es una consecuencia de la primera, lo que no quiere decir que tengan que ir obligatoriamente juntas.

La preocupación por «lo que no conocemos», como ellos mismos han dicho, es algo que afecta a cualquiera. En cambio, no todo el mundo acude a lo segundo: hay gente que hace planes, busca soluciones y se enfrenta a sus inquietudes sin perder de vista la realidad, que es algo que sí hacen nuestros amedrentados compañeros de viaje.

Está claro que los presagios que surgen de una determinada combinación de naipes, por ejemplo, pueden llegar a cumplirse, pero se trata simplemente de una casualidad. Precisamente, las «respuestas» de estos pronósticos seudo mágicos son deliberadamente ambiguas, de tal manera que el cliente quede más o menos satisfecho y no se ofenda si finalmente no se cumplen. Hay que ser una auténtica bruja (dicen que de haberlas, haylas...) o un perfecto caradura (que son muchos más) para afirmar, por ejemplo, que con sólo leer un conjuro y encender una vela encontraremos el amor de nuestras vidas...

Posiblemente, su mejor recurso consista en el «efecto placebo»: gracias al conjuro, la persona estará más abierta y tranquila en la búsqueda de una solución.

Un pago razonable

En aquella ciudad, una de las personas más influyentes no era un militar, ni un religioso ni hombre de leyes: era una cortesana. Bella, inteligente y calculadora, había sabido mover los hilos para que muchos ministros, jueces y generales se beneficiaran de su amistad, al tiempo que temían sus maquinaciones. Manejaba las debilidades ajenas, de modo que atrayendo a unos y comprando a otros llegó a gozar de un inmenso poder.

Mas hubo un hombre al que, a pesar de su insistencia, jamás logró seducir: el ministro del tesoro, el hombre de más confianza del rey. Era su más inalcanzable y preciado trofeo. Había intentado atraerlo una y otra vez, empleando desde las tretas más rebuscadas a las insinuaciones más directas, mas aquel hombre cortés y firme rechazó todas sus propuestas.

Así fue como, a pesar de todas sus conquistas, el ministro del tesoro se convirtió en su verdadera obsesión, una persona a la que comenzó considerando una aventura, después un amor imposible y finalmente un declarado enemigo. El amor y el odio se alternaban en sus torturadas maquinaciones, por lo que comenzó a solicitar el consejo de cuanto brujo, adivino o nigromante había en la ciudad.

Realizó conjuros y bebedizos, recitó oraciones y consultó cartas, le miraron las manos, las pupilas y el poso del té, mas con ninguno logró su propósito. Pero como para un adivino no hay mejor cliente que un obseso, una pitonisa consultó una bola de cristal y vio lo que la mujer esperaba hacía tanto tiempo:

«El ministro del tesoro sueña cada noche contigo», le dijo, tras lo cual se lanzó a describirle con lujo de detalles los supuestos sueños eróticos

del funcionario, en los que se entregaban juntos a toda clase de juegos y placeres.

Oír aquello y perder la cordura fue todo uno. Incapaz de contenerse un minuto más, la cortesana corrió al palacio, usó de sus influencias para entrar directamente a la sala del trono y allí comenzó a exigirle a gritos el pago de los servicios al sorprendido ministro.

—¿Dónde dices que he disfrutado de ti? —preguntó espantado.

—¡En tus sueños! ¡Lo sé bien! Y sé además todo lo que hicimos y cuánto has disfrutado. ¡Así que ahora debes pagarme!

Al principio el soberano tomo aquello a chanza, ya que si bien era cierto que su hombre de confianza era un honrado esposo y padre de una numerosa prole, también era sabido que casi todos su funcionarios, e incluso él mismo, habían estado alguna vez en brazos de la cortesana. Pero como aquel escándalo iba cada vez a mayor y el rostro del ministro expresaba una lógica consternación, el rey recobró la seriedad y solicitó a la mujer que repitiera con más calma su demanda.

Así lo hizo, afirmando que en la esfera de cristal de una adivina, ésta había observado con toda nitidez los sueños del ministro. En ellos gozaba repetidamente de sus favores, un trabajo que, como todo el mundo sabía, debía estar debidamente remunerado.

El rey meditó unos segundos.

—¡Perfectamente! —sentenció—. ¿Cuánto se te debe?

—Majestad... —comenzó a protestar el ministro.

—Ni una palabra más —dijo el rey con un gesto de firmeza—. ¿Qué te debe este hombre?

—Mil monedas de oro —dijo la mujer, con los ojos brillantes de satisfacción.

—Es una suma realmente excesiva —dijo el monarca—. Pero sea: traed esa suma en una bandeja.

Cuando los sirvientes trajeron lo solicitado, el rey se dirigió a una de las paredes de la sala, colocó un escabel de terciopelo frente a un espejo y sobre él situó la bandeja.

—Pues aquí tienes tu dinero, puedes tomarlo —dijo mientras señalaba el espejo—. Puesto que este hombre te debe algo que han visto en una

bola de cristal, y que además era la imagen de un sueño, puedes cobrarte el precio de tus favores de la misma manera. Tómalo si puedes, pero no se te ocurra tocar una sola de las monedas de verdad porque haré que te corten la mano.

La mujer se retiró llena de ira y no volvió a aceptar en sus alcobas a ningún ministro del rey.

Dicho esto, aconsejaríamos a estos viajeros que dejen de esperar respuestas «mágicas» de fuera. Tras la última estación de este viaje, quizá comiencen a buscarlas desde dentro y sin perder de vista la realidad... que ciertamente es bastante fea y con pocos alicientes. Pero es la única. La otra, en la que campean a placer adivinos y profetas, como mucho puede ser probable (como ganar la lotería) o directamente imposible (como aprobar un examen gracias a un amuleto).

Todo consistiría en un simple cambio de actitud: en vez de contemplar el futuro (que siempre es incierto) con desesperanza o desconfianza... le quitaremos el prefijo y optaremos por la esperanza y la confianza.

En última instancia, ambas son virtudes o estados de ánimo que, como cualquier creencia, tienen que ver con el espíritu, con esa tranquilidad optimista que brinda la llamada espiritualidad.

La misma fuerza que creemos tomar de un talismán o de un pase mágico se puede gestar desde dentro, y es lógico que así sea: la espiritualidad, como su nombre lo indica, es algo propio de la dimensión humana que se completa con la mente y el cuerpo. Como hemos dicho al hablar de las religiones, el ser humano ha de creer en algo. A veces confía en sus dioses, pero hasta los ateos tienen el suyo: está en ellos mismos.

Confiar en la espiritualidad, por tanto, no es lo mismo que creer en determinado dios, aunque ambas nociones no se contrapongan. Es más bien quitarle un poco de la responsabilidad a ese dios (cualquiera que sea) para encargarnos al menos de una parte, de aquella que podemos gestar desde nuestro espíritu, al que preferimos darle un nombre menos grandioso y más acorde con nuestros preocupados viajeros: el mago interior.

Se trata de creer que las cosas no tienen por qué evolucionar hacia la nada o la oscuridad. La realidad nos contiene y nosotros estamos en ella, por lo tanto podemos intervenir en sus cambios, por mínimos que nos parezcan.

Pero para ello hay que conocerla, evaluarla, protagonizarla, actuar en ella y no sentir que nos arrastra; fluir en ella y evitar que nos influyan desde fuera con cualquier tipo de mensajes.

La suerte existe, pero por lo general es menos esquiva con los ilusionados, optimistas y esperanzados. Con los que tienen fe en lo que sea, pero fundamentalmente en sí mismos.

Es una manera de cambiar aquellas negras expectativas (al fin y al cabo falsas) por otras más razonables y basadas en posibilidades reales y no en probabilidades mágicas.

Podemos fallar, pero eso habrá aumentado nuestra experiencia mucho mejor de lo que podría hacerlo la inercia, la espera y el inmovilismo.

Ser optimista es otra manera de seguir en la locomotora de nuestro propio tren, pero no para mirar las vías con temor sino para tirar hacia delante y a la vez gozar del maravilloso paisaje que nos rodea.